Esoterischer Reiseführer

Nordrhein-Westfalen

Marion Röbkes

Esoterischer Reiseführer
Nordrhein-Westfalen

Ein außergewöhnlicher Reiseführer,
der die andere Geschichte
Ihres Reiseziels kennt

WINDPFERD

1. Auflage 1997

Umschlaggestaltung: Kuhn Grafik, Digitales Design, Zürich, unter Verwendung eines Fotos des AG Freizeit & Fremdenverkehr Xanten e.V. (Peter Friese) (Cover); sowie der Stadt Nideggen, der Stadt Nettersheim (2x) und des Verkehrsamtes Lengerich (Backcover)
Lektorat: Ralf Hiltmann für *panta rhei!* – MediaService
Layout/Satz: *panta rhei!* – MediaService, Uwe Hiltmann, Niedernhausen/Ts.
Herstellung: Schneelöwe, 87648 Aitrang

ISBN 3-89385-190-9

Printed in Germany

Danksagung

Für die Unterstützung bei der Erstellung des Bandes Nordrhein-Westfalen bedanke ich mich:

- ganz besonders bei meinem Mann und meinem Sohn, die beide neben den vielen gefahrenen Kilometern auch einige andere Strapazen auf sich genommen haben;
- bei meiner Familie und meinen Freunden, die immer wieder Anteil genommen haben – und manches Mal auch meinen Enthusiasmus über neue Entdeckungen über sich ergehen lassen mußten;
- bei den Städten und Gemeinden, die Informationen und Bilder zusammengetragen haben, um die Veröffentlichung zu ermöglichen; daneben namentlich bei Frau Brigitte Jahnke (Tecklenburg), Frau Petra Ohlmeyer (Arnsberg), Herrn W. Detemple (Arnsberg), Herrn Biastoch (Lügde), Herrn Marcell Perse (Jülich), Herr Stollenwerk (Hörstel), Herr Sander (Beverungen), Herr Cremer (Nideggen), Frau Hauptmann (Höxter), Frau Riedesel (Bad Berleburg), Frau Toisy (Büren), Frau Tepe (Hopsten), Herrn Michael Sondermann (Bonn), Frau Brusius (Königswinter), Frau Zims-Gerhard (Köln)
- und last but not least bei allen Mitarbeitern des Windpferd-Verlages, die einen nicht unentscheidenden Teil zu dieser Veröffentlichung beigetragen haben.

Inhaltsverzeichnis

Übersichts-Karte

Übersicht nach Sachgebieten

Hexen/Hexenverfolgung

Kultplätze

Mythologie

Phänomene

Propheten

Sagen

Schauplatz einer Legende

Berühmte Persönlichkeiten

Übersicht nach Postleitzahlbereichen

Vorwort

Gibt es das denn nur im Ausland? Diese Frage stellte ich mir, mit einem sehnsuchtsvollen (und – ich gestehe – auch leicht neidischen) Blick über den Kanal in Richtung Stonehenge und der diversen „standing stones“. Es erschien mir, als hätte es in Deutschland ein kultisch-religiöses Leben erst mit Beginn des Mittelalters gegeben. Keine Runensteine, keine Kultstätten, keine eigene Göttermythologie, keine Druiden, kein Garnichts! Doch stimmt das denn? Konnte das denn stimmen? Also begann ich, erst nur zögerlich „vor der eigenen Haustür“, dann etwas mutiger im gesamten Bundesland nach alten Zeugnissen unserer kultischen Vergangenheit zu suchen. Und ich war erstaunt! Deshalb möchte ich Sie einladen, anhand dieses kleinen Führers eine Entdeckungsreise durch Nordrhein-Westfalen zu machen, der Ihnen die Vielfalt unserer Vergangenheit aufzeigt.

Es sind keine so bekannten Anlagen wie „Stonehenge“ darunter, aber sie könnten es durchaus werden, denn den historischen Hintergrund besitzen sie. Lassen Sie sich einfangen, von den Externsteinen, die eine bewegte Vergangenheit hatten, und machen Sie mit mir Ausflüge in die Landstriche Westfalens, in denen vor einigen Jahrhunderten der Stamm der Sachsen lebte, den Karl der Große in seinen Kreuzzügen unbedingt christianisieren wollte. Lassen Sie sich verzaubern von den kleinen Geschichten über Geistgestalten und Spuk, die zu dem alten religiösen Bewußtsein genauso dazugehören, wie die vorrömischen Wallburganlagen, die unter anderem Stätten „heidnischer“ Kulte waren.

Gehen Sie mit zu den Römern, die unser kultisches und kulturelles Leben mit ihrer Lebensweise und ihren Göttern beeinflußt haben, und wandeln Sie auf den Spuren der Gebrüder Grimm, von denen Jacob Grimm uns mit den Bänden der „Deutschen Mythologie“ eine umfassende Sammlung alter Überlieferungen heidnischer Götter, Helden und Gebräuche überliefert hat. Einige der hier aufgeführten Orte finden sie auch als Etappen der „Deutschen Märchenstraße“ wieder, was uns nicht verwundert, denn viele Märchengestalten sind umgewandelte mythologische Heiligengestalten, wie z. B. die bekannte Frau Holle.

Dieser Reiseführer soll Sie Ihren „Wurzeln“ wieder etwas näher bringen und bitte, dies soll nicht verwechselt werden mit den Zielrichtungen, die hinter gewissen Ideologien stecken. Es geht hier nicht um die „Erweckung eines deutschen Bewußtseins“, sondern um die wunderbare Tatsache, daß auch „vor unser aller Haustüre“ vieles von dem liegt, was wir bei anderen suchen.

Eigentlich wäre es wünschenswert gewesen, etwas mehr über die Hexenprozesse in den einzelnen Städten zu berichten, doch gestaltet sich dies als sehr schwierig. Die Zeit der Hexenverfolgung gehört mit zu den „dunklen Kapiteln“ in der Geschichte Deutschlands. Und wie es mit solchen unangenehmen Geschehnissen nun einmal ist, man verdrängt sie am liebsten. Selbst heute, nach all den Jahrhunderten, schweigen viele dieses Thema lieber tot, als sich aktiv dazu zu bekennen. Hierzu fällt mir eigentlich nur das Zitat eines russischen Soldaten ein, das auf dem Kyffhäuser-Denkmal im Harz auf einer Gedenktafel angebracht ist: „Ihr Deutschen müßt endlich lernen, mit eurer Geschichte zu leben!“ Diesen Ausspruch machte er anläßlich einer großen Diskussion, ob das Wilhelmsdenkmal nun abgerissen werden solle oder nicht.

Leider wurden viele der alten mythischen Gestalten und auch deren Sagen zur Zeit des Naziregimes für geschickte Propaganda mißbraucht, dieser zweifelhafte Ruf haftet noch heute daran. Mit diesem Buch soll nicht die Wiederbelebung dieser „Ideologie“, sondern die aktive Aufarbeitung unserer Vergangenheit erfolgen. Und dazu gehören, auch oder gerade die dunklen Seiten unserer Historie. Dieses Buch ist dazu gedacht, genau hinzusehen und daraus zu lernen, doch dies kann man nur, wenn die Erfahrungen vergangener Generationen weitergegeben werden. Vielleicht werden dann auch zukünftig die Städte und Gemeinden offener an diese Etappen unserer Geschichte herantreten und andere von ihren Kenntnissen profitieren lassen.

Eine letzte Bitte möchte ich noch an Sie richten, die die „Umsetzung“ dieses Buches betrifft: Graben Sie bitte nicht eigenmächtig und ohne ausdrückliche schriftliche Genehmigung an Kultstätten nach Fundstücken. Dies ist gesetzlich strafbar und zerstört weiterhin die Chance, bei zukünftigen wissenschaftlichen Untersuchungen auswertbare Ergebnisse durch Bodenfunde zu erzielen.

Möchten Sie Ihre Reise in die verschiedenen Stätten für einen ausgedehnten Urlaub nutzen, so werden Ihnen die angegebenen Adressen bei der Vermittlung einer Unterkunft dienlich sein.

Zug um Zug wird in Deutschland die allgemeingültige Telefonnummer

19433

für die Tourist-Informationen freigeschaltet. Regional ist dann nur noch die entsprechende Ortsnetzkennzahl vorzuwählen. Da aber nicht ersichtlich ist, wann alle Tourist-Informationen angeschlossen sind, ist weiterhin noch die bisherige Rufnummer angegeben.

In diesem Sinne wünsche ich Ihnen viel Spaß bei der Entdeckung eines Stückes „mystischen und mythologischen“ Deutschlands.

Aachen

Aachen – Stadt der Könige und Kaiser. Die Anfänge der Siedlungsgeschichte der Stadt Bad Aachen wurden von den Kelten, Römern und Franken geprägt. Für die Erklärung des Namens der Stadt gibt es zwei (verschiedene) Deutungsweisen, zum einen soll es sich ableiten aus dem lateinischen „Aquis Grani“ – an den Wassern des Granus, der die gallo-römische Mythenfigur des nordischen Odin verkörpert. Die zweite Ableitung ergibt sich aus dem keltischen Wort „Ahha“ (sprich: Acha), welches „Wasser“ bedeutet.

Einer der Hauptgründe für die Besiedlung dieser Gegend war aller Wahrscheinlichkeit nach das stark schwefel- und mineralhaltige Thermalwasser der Quellen. Die Römer, denen unser rauhes Klima im Gegensatz zu dem südländischen fremd war, und die so das „Zipperlein“ plagte, wußten die Vorzüge der Thermalquellen schnell zu nutzen. Und so bleibt es nicht verwunderlich, daß die Ortschaft schnell mit dem gewohnten römischen Komfort ausgestattet wurde.

Karl der Große band einige Jahrhunderte später durch seine Kaiserkrönung an das alte römische Weltreich an und war bestrebt, in Aachen, wo er sich während seiner Regierungszeit lange aufhielt, das „zweite Rom“ zu erschaffen. Eine im zweiten nachchristlichen Jahrhundert erschaffene gallo-römische Bronzeplastik einer Bärin wird zur

Verdeutlichung herangezogen. Sie befindet sich im Vorraum des Kaiserdomes.

Wolfstür

Im vorgebauten Portalbau des Aachener Domes sieht man die sog. „Wolfstür“. Es handelt sich hierbei um eine Bronzetür, die die Abbildung eines Löwenmauls trägt. Nach einer Sage wurde dem Teufel von diesem Abbild der Daumen abgebissen. Auch wird behauptet, er sei heute noch darin zu fühlen. Jedoch solle man sich davor hüten, die Hand hineinzulegen, wenn man nicht aufrichtig und ehrenvoll ist – sonst schnappe das Maul erbarmungslos zu.

Domschatzkammer und Rathaus

Einen Besuch lohnt auf jeden Fall die Domschatzkammer, die neben den Reliquien des Kaisers noch eine Vielzahl weiterer kirchenhistorischer Reliquien ausstellt. Interessant ist hier auch ein Rundgang durch das Rathaus von Aachen, denn im oberen Saal befinden sich rundum Wandmalereien – allerdings erst neueren Datums –, die einige Etappen des Lebens Karls des Großen schildern, darunter auch den Sturz der Irminsul.

Bahkauv

Eine alte Sage – die „Außenstehende“ vielleicht eher zum Schmunzeln anregt –, handelt vom „Bahkauv“ (Bachkalb), dessen Gestalt man sich ungefähr so vorstellen kann, wie es das Bronzedenkmal in der Aachener Altstadt, als ein zwei bis drei Meter großes leguanartiges Geschöpf, darstellt.

Der Bahkauv

Bei dem Bahkauv handelt es sich um ein Untier, das tagsüber in der Kanalisation bzw. den unterirdischen Wasserläufen der Quellen lebt. Nach Einbruch der Dunkelheit aber kommt es wasser- und schlammtriefend aus seiner feuchten Behausung und stürzt sich hinterrücks auf die Ahnungslosen, die auf dem Weg durch die Altstadt vom Wirtshaus nach Hause sind. Dieses Ungetüm stürzt sich aber nur auf Männer, denn Frauen und Kinder haben es noch nie zu Gesicht bekommen.

Die Beschreibungen, die von den Leidtragenden abgegeben wurden, schilderten es als „Ungeheuer, das einem großen Kalb mit schuppigem Fell und scharfen Zähnen ähnelt, (und es) habe seine Opfer zu Tode geängstigt, sie gezwickt und gezwackt und erst wieder von ihnen abgelassen, wenn sie an ihrer Haustüre angelangt waren“, so schildert es eine Informationsschrift der Stadt Aachen. Und nur „lautes Fluchen soll geholfen haben“, sich von der schweren Last wieder zu befreien.

Auskunft erteilt: *Verkehrsverein Bad Aachen*
Monheimsallee 52
(Kurbad Quellenhof)
52062 Aachen
Tel.: 0241/1 80 29 44
Fax: 0241/1 80 29 30

Arnsberg

Arnsberg, bekannt als geschichtsträchtige und einflußreiche Stadt über die Jahrhunderte hinweg, liegt idyllisch im Hochsauerlandkreis. Als Sitz verschiedener mächtiger Adelsgeschlechter bietet Arnsberg eine Vielzahl interessanter Schlösser und Burgen und – fast noch interessantere – Ruinen. Vornehmlich die Burg- und Schloßruinen bzw. die teils nur noch zu erahnenden Überreste ehemaliger Anlagen des Stadtgebietes bieten einige der schönsten Überlieferungen, die hier in der Volkserzählung noch sehr lebendig geblieben sind.

Hünenburg

Zwischen Arnsberg und Oeventrop liegt nahe dem Ortsteil Rumbeck die „Hünenburg", die nur noch die ursprüngliche Form durch die Wall- und Grabenanlage erkennen läßt. Um diese Burg ranken sich zahlreiche Geschichten und Überlieferungen mit verschiedenen Inhalten.

So berichtet eine Erzählung von einem Hünen, der aufgrund seiner Größe mit einem Bein auf dem Burggelände stand und das andere Bein auf der anderen Seite der Ruhr aufsetzen mußte, um aus dem Fluß trinken zu können.

Ob diese „Hünenburg" auch der Sitz des Riesen Aspilian gewesen ist, der in einem Kapitel der Thidreksage

(Dietrich von Bern) erwähnt wird, ist Spekulation. In der Thidreksaga zieht sich jedoch Heime, ein Kampfgefährte Dietrichs, in das Kloster Wedinghausen zurück, welches der Vorgängerbau der heutigen Probsteikirche von Arnsberg ist. Der Riese tyrannisierte die Mönche und die Stadt so sehr, daß ihm nur mit Waffengewalt begegnet werden konnte. Nach einiger Zeit friedlichen Klosterlebens sann nun der kampferprobte Heime, der sich nun Mönch Ludwig von Ömlungenland nannte, darauf, daß er den Zweikampf mit dem Riesen antreten müsse, um dieses Problem endgültig zu lösen. Auf einer dem Kloster vorgelagerten Insel wird Aspilian durch Heime besiegt, letzterer kehrt wieder zu seinem ruhigen Leben als Klosterbruder zurück, bis er einige Zeit später wieder mit Dietrich von Bern in fremde Länder und zu neuen Abenteuern zog.

In der Mitte dieses Jahrhunderts kamen bei Restaurierungsarbeiten verschiedene Freski aus dem 13. Jahrhundert zum Vorschein. Vermutungen wurden geäußert, daß es sich bei der Darstellung eines Mönches um den ersten Gefolgsmann Dietrichs – Heime alias Ludwig von Ömlungenland – handelt.

Osiris-Statuette

Eine weitere Geschichte berichtet von einer goldenen Spindel, die auf dem Grund des Burgbrunnens liegen soll. Tatsächlich fand man zu Beginn unseres Jahrhunderts auf dem Gelände der Burganlage, Berichten zufolge allerdings nicht in einem Brunnen, sondern unter Geröll, eine ägyptische Statuette, die auf die Zeit der letzten drei Jahrhunderte v. Chr. datiert werden konnte. Es handelte sich dabei um eine Darstellung des mit den ägyptischen

Herrschaftsinsignien ausgestatteten Osiris. Während einer Ausstellung in Essen wurde die Statuette gestohlen, bis zum heutigen Tag ist sie verschwunden.

Kettelburg und Hexentanzplatz

Bei der Ruine der „Kettelburg" verhält es sich ähnlich wie bei der „Hünenburg", auch sie ist nur noch der Art und Größe nach, durch die Überreste der sichtbaren Wälle und Gräben, als ehemalige Wohn- und Schutzanlage zu erkennen. Vermutlich wurde die Burganlage nicht lange nach der Erbauung wieder zerstört, und so ist der Platz in der Bevölkerung mehr unter dem Namen „Hexentanzplatz" in Erinnerung geblieben.

Diese Bezeichnung für frühzeitliche Fest- und Tanzplätze findet sich recht häufig. Bei kultischen Handlungen, die durch „weiße Frauen" und „Druiden" oder „Schamanen" durchgeführt wurden, spielten rituelle Gesänge und Tanz eine große Rolle. Nach der Christianisierung wurde das Wissen und die Rituale der alten Kulte als Teufels- und Hexenwerk bezeichnet, und somit kamen auch diese Plätze in den zweifelhaften Ruf, für Hexensabbate zu dienen.

Arnsberger Schloß und Landsberger Hof

Im Bereich des Stadtkernes Alt-Arnsberg befinden sich auf zwei gegenüberliegenden „Burgbergen" die Überreste zweier Burg- bzw. Schloßanlagen. Es handelt sich hier um die Überreste der „Alten Burg" und des „Arnsberger Schlosses".

In der Zeit der Jahrhundertwende des 16./17.Jh. hatte der damalige Kurfürst für seine Geliebte den Landsberger Hof (heute befindet sich dort das Sauerland-Museum)

Tor der Ruine des Arnsberger Schlosses

erbauen und diesen mit dem „Arnsberger Schloß“ durch einen geheimen unterirdischen Gang verbinden lassen. Ähnlich der Geschichte der Jacobe von Baden in Düsseldorf, wurde dies in der Familie des Kurfürsten nicht mit Wohlwollen aufgenommen. Die Liaison der beiden fand ein schreckliches Ende, da man die Geliebte des Kurfürsten erschlagen auffand. Seit sie so gewaltsam zu Tode kam, sieht man ihre Gestalt durch die Räume des Landsberger Hofes wandern. Danach entzieht sie sich den Blikken und man vermutet, daß sie den geheimen Gang benutzt (dessen Verlauf allerdings bis heute noch nicht entdeckt wurde), denn kurz darauf sieht man sie wiederum auf der höchsten Stelle der Schloßruine, wo sich ihre Gestalt dann langsam im Dunkeln verliert.

Die lederne Brücke bei der Rüdenburg

Gegenüber dem Arnsberger Schloß befindet sich, wie bereits oben erwähnt, die „Alte Burg“, oder auch Rüdenburg genannt. Die beiden Adelssitze waren über die Zeit hinweg in guter Nachbarschaft und teils durch familiäre Beziehungen verbunden. Die „Alte Burg“, und durch das Geschlecht der Edlen von Rüdenberg auch unter dem Namen „Rüdenburg“ bekannte Anlage, ist Schauplatz einer schauerlichen Geschichte, die sich wie folgt zugetragen haben soll:

Die Gastfreundschaft war für die Edlen von Rüdenberg eine angesehene ritterliche Tugend, und so scheint es beinahe selbstverständlich, daß der Burgherr einen Fremden, der sich im Wald verirrt zu haben schien und den er auf dem Heimweg von der Jagd getroffen hatte, zur Burg mitnahm, um ihm Verpflegung und ein Nachtlager anzubieten. Der Fremde nahm seine Gastfreundschaft an und folgte ihm auf die Burg. Man speiste, trank und feierte zünftig die gute Ausbeute der Jagd. Der Fremde saß derweil ganz still und beobachtete das lustige Treiben um ihn herum.

Kurz vor Mitternacht gab sich der merkwürdige Fremde jedoch mit Blitz und Donner unter einem gewaltigen Unwetter zu erkennen. Er bedankte sich für die erhaltene Gastfreundschaft und versprach dem Herrn von Rüdenberg, daß er es ihm bald entlohnen werde, bevor er mit lautem Gelächter in einer großen Wolke verschwand. Nun war dem Herrn von Rüdenberg klar, daß er den Teufel in seine Mauern eingeladen hatte.

Einige Zeit war mittlerweile vergangen, und der Herr von Rüdenberg hatte eine Tochter im heiratsfähigen Alter, um die die angesehensten Männer der ganzen Gegend anhielten. Vielleicht aus politischen Hintergründen, vielleicht aus Zuneigung, nahm das Mädchen den Antrag des Grafen von Arnsberg an, dessen Schloß ja auf der gegenüberliegenden Seite liegt.

Einer der Verehrer wollte es aber nicht ertragen, daß er abgewiesen worden war und belagerte die Burg, um sich mit Gewalt zu holen, was er freiwillig nicht bekam. Einige Zeit konnten die Belagerten sich auch gut verteidigen, doch wurde die Situation immer aussichtsloser und es schien, als ob der nächste Tag die Entscheidung zu Gunsten des hitzigen Werbers bringen sollte. In der Nacht hörte man es werkeln und klopfen, und auf beiden Seiten wundert man sich und spähte, ob der gegenüber wohl eine Heimtücke plane, jedoch sehen konnte man nichts. Doch als es begann hell zu werden, entdeckten die Leute auf der Rüdenburg, daß eine schmale, lederne Brükke zum Arnsberger Schloß hinüberführte. Die Belagerer machten sich gerade daran, die Burg einzunehmen, sodaß keine Zeit mehr zum Überlegen blieb, und man beeilte sich, über die Brücke in Sicherheit zu kommen.

Die Rüdenburger waren kaum auf der anderen Seite angelangt, als der Verschmähte mit seinem Gefolge ihnen schon über die Brücke folgte. Als sich die Angreifer mitten auf der Brücke befanden, stürzte diese mit Getöse in den Fluß und man konnte ein schauriges Lachen vernehmen.

Dies war der versprochene Lohn des Teufels für die ihm gewährte Gastfreundschaft.

Leider läßt sich heute nichts mehr von der „ledernen Brücke" finden, und auch die Burg ist im Laufe der letzten Jahrhunderte mehr und mehr verfallen. In den letzten Jahren wurden jedoch Teilstücke der Ruine gesichert, um so für die Besucher einige Bereiche erhalten zu können.

Auskunft erteilt: *Wirtschaftsförderung der Stadt Arnsberg GmbH*
Bahnhofstraße 132
59759 Arnsberg
Tel.: 02932/45 21
Fax: 02932/3 45 00

Bad Berleburg

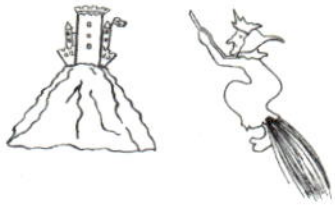

Die erste urkundliche Erwähnung findet Bad Berleburg in der Mitte des 13. Jahrhunderts, jedoch wurde durch Grabungen belegt, daß die Siedlungsgeschichte dieser Ortschaft ca. 2.000 Jahre früher ihren Anfang fand. Aus dieser Zeit stammen auch die vielen Ringwallanlagen, die kaum in einer Gegen so zahlreich zu finden sind wie hier. So sind zum Teil noch gut erhaltene und unter Denkmalschutz gestellte Wallburgen in der Nähe der Ortschaften Aue, Dotzlar und Wemlinghausen zu besichtigen.

Die Wallburganlagen waren zur Gründungszeit meist Stammessitz und Mittelpunkt des kultisch-religiösen, politischen und sozialen Lebens. Aus strategischen Gründen und auch im Hinblick darauf, daß die Götterverehrung wegen der räumlichen Nähe auf Bergkuppen erfolgte, sind die in Bad Berleburg noch gut erhaltenen Ringwallanlagen bei der weiteren Erforschung hinsichtlich der Ausrichtung dieser Stätten von besonderem Interesse.

Desweiteren wurden in den letzten Jahren immer mehr Stimmen laut, die an einen kosmischen Bezug der Ringwallanlagen untereinander – ähnlich der Positionierungen der Pyramiden in Ägypten – glauben. Die Lage der Burgwälle soll – durch imaginäre Linien miteinander verbunden – starke erdmagnetische Kraftlinien oder -felder, die sogenannten „Leys“, oder sogar Sternbilder nachbilden.

Aue

Südlich von Aue, auf dem Gipfel des Burgberges, ist eine Wallburg zu finden, die ehemals eine Fläche von ca. 20.000 qm umfaßte. Der Wall ist teilweise noch bis zu einer Höhe von vier Metern erhalten, und sogar die Grundflächen von zwei Wohnhäusern sind noch auf dem Areal zu finden.

Dotzlar

Nördlich von der Ortschaft Dotzlar gelegen, befindet sich diese Ringwallanlage. Auch dieser Berg nennt sich „Burgberg“ und sollte deshalb nicht mit der Anlage bei Aue verwechselt werden. Die Anlage stammt aus annähernd der gleichen Zeit wie die bei Aue. Diese Wallburg bestand aus zwei Erdwällen, die sich aus einem äußeren und einem inneren Ringwall ergab. Die Wälle sind – hauptsächlich am inneren Wall noch – durch Steinkonzentrationen zu erkennen.

Wemlinghausen

Eine dritte erwähnenswerte Wallburg liegt östlich der Ortschaft Wemlinghausen – auch hier wiederum auf dem sogenannten „Burgberg“. Diese Burgwallanlage ist heute nur noch schwach erkennbar.

In allen Wallburganlagen haben zu verschiedenen Zeiten Grabungen stattgefunden, die teils kleinere, teils größere Fundstücke zutage brachten. Jedoch ist es auch hier wie bei vielen anderen historischen Stätten der Fall, daß aus Geldmangel nicht weiter gegraben werden kann.

Meine Bitte deshalb an dieser Stelle: behandeln Sie die unter Denkmalschutz stehenden Anlagen mit Sorgfalt, starten sie keine eigenmächtigen Ausgrabungen und soweit sie etwas finden, daß in bezug mit der Nutzung der Burgwälle zu stehen scheint, melden Sie es dem zuständigen Amt für Bodendenkmalpflege.

In den folgenden Jahrhunderten ab der Bronzezeit wurde die Besiedlung in der heutigen Gegend um Bad Berleburg wieder weniger, und um die Jahrtausendwende unserer Zeitrechnung verlieren sich die Spuren ganz. Erste neuerliche Hinweise gibt es erst wieder ab dem 9. Jahrhundert n. Chr.

Femegerichtstätte bei Girkhausen

In dem Waldgebiet bei der Ortschaft Girkhausen findet sich an der Flurstelle „7 Ahorn" eine ehemalige Femegerichtsstätte. Ob diese Schauplatz oder Richtstätte in den zahlreichen Hexenprozessen war, ist nicht bekannt, wird aber vermutet, da es auch in diesem Gebiet Verfahren wegen Zauberei und Hexerei gegeben hat. Protokolle und Akten zu den Anklagen der Hexerei finden sich im Privatarchiv des Schlosses Berleburg.

Auskunft erteilt: *Stadt Berleburg*
Poststraße 42
57319 Bad Berleburg
Tel.: 02751/8 50
Fax: 02751/8 52 88

Bad Beverungen

Beverungen liegt an der Deutschen Märchenstraße und dies nicht von ungefähr!

Überall im Weserbergland trifft man auf kleine, beschauliche Ortschaften, in denen die vielen kleinen und größeren Geschichten und auch die Geschichte noch so lebendig ist, daß man von diesem „Zauber“ schnell gefangen genommen wird.

So auch in Beverungen, welches mit den umliegenden Ortschaften ca. 15–16.000 Einwohner zählt. Hier blieben die Geschehnisse um Persönlichkeiten wie Karl der Große, die Gebrüder Grimm (die hier einige der Märchen sammelten, denen alte mythologische Überlieferungen zugrunde liegen), Wilhelm Raabe und Annette von Droste-Hülshoff lebendig.

Viele der in dieser Gegend gefeierten Feste, wie beispielsweise die Rosenmontagsumzüge, die Blüten- und Brunnenfeste, haben alle alte kultische Ursprünge.

Karlstein mit Bonifatiuskreuz

Karl der Große hat, gerade während seiner Sachsenfeldzüge in diesem Teil Deutschlands unterwegs, das Leben der Leute hier in seiner Zeit stark beeinflußt. Die Gründung des Ortsteiles Herstelle geht auf ihn zurück. Im Jahr 797/798 hielt er sich hier auf, und Zeuge dieser historischen Begebenheit ist der „Karlstein mit Bonifatiuskreuz" in diesem Ortsteil. Der Stein befindet sich unterhalb der Burg Herstelle. Nicht ganz eindeutig ist der Ursprung dieses Steines. In der einen Deutungsweise wird davon ausgegangen, daß er, der älteste seiner Art in Westfalen, von einem Steinmetzen im Gefolge Karls des Großen gefertigt wurde, um die Christianisierung voranzutreiben und somit „Zeichen" zu setzen.

Eine andere Deutungsweise geht in die Richtung, daß es sich hier um eine Stelle gehandelt habe, an der „heidnische" Rituale vollzogen worden seien, und zum Christentum Übergetretene anstelle des alten Götzenbildes dieses Kreuz errichtet haben.

Dies wäre durchaus vorstellbar, da vielerorts die in vorchristlichen Zeiten verehrten „heiligen Steine" von missionierenden Priestern mit christlichen Symbolen versehen oder in Kreuzform umgearbeitet wurden.

Karl der Große im Hersteller Burgberg

In Herstelle ist in den Jahren zwischen 1826 und 1832 eine neugotische Burg an der Stelle der alten, verfallenen, mittelalterlichen Burg erbaut worden, über die Annette von Droste-Hülshoff den Begriff „neuantikes Schloß" prägte. Diese Burg war oft der Aufenthaltsort der Dichterin, ebenso der Gebrüder Grimm. Der Hersteller Burgberg ist sehr eng mit der Person Karls des Großen verbunden. So ist es denn auch nicht weiter verwunderlich, daß sich der Berg in der Osternacht öffnet und der Geist des „Großen Kaisers" hier jedes Jahr aufs neue erscheint. Da er während seines Zuges gegen die Sachsen nicht alleine kriegerische Absicht hatte, sondern den Vorsatz führte, den einzelnen Völkern den Frieden zu bringen, erkundigt sich sein Geist denn so auch in jenen Osternächten, ob dieses Ziel denn nun auch erreicht sei. Da ihm aber bisher noch niemand sagen konnte, daß Eintracht und Frieden unter den Völkern herrschen, versinkt er wieder betrübt in den Berg, um im nächsten Jahr wieder zu erscheinen.

Erstaunlich ist auch hier der Bezug zur Osternacht, denn unser heutiges Osterfest ist eine Abwandlung des keltischen Ostarafestes, welches zeitlich sehr nahe mit dem „Osterfest" zusammenfiel.

Jakobusbrunnen

Der Ortsteil Jakobsberg (Haddenberg) stellte früher ein Heiligtum der Germanen dar. An der auf ihm gelegenen Quelle wurden die dortigen Naturgottheiten verehrt. Die Quelle befindet sich kurz vor dem Ortsausgang in Richtung Dahlhausen, als „Jakobusbrunnen".

Entsprechend der Verfahrensweise in der zweiten Hälfte des ersten nachchristlichen Jahrtausends, wurden vorzugsweise Kirchen und Kapellen anstelle der „heidnischen" Kultstätten errichtet (→Bad Driburg – Iburg, →Bad Horn – Externsteine).

Der Quelle wurde und wird weiterhin heilkräftige Wirkungen zugeschrieben. So liegt beispielsweise eine Überlieferung aus der Mitte des 18.Jahrhunderts vor, nach der „... eine Frau ... welche ganz kontrakt und gliederlahm war, sich als Krüppel hierher führen lassen (habe), fünf Wochen dahier geblieben, täglich ihr Gebet „ante statuam S. Jakobi" (vor der Statue des heiligen Jakobus) verrichtet und mit großem Vertrauen sich des öfteren aus dem Jacobusbrunnen gewaschen (habe). Dadurch sie dann ihre völlige Gesundheit und den gänzlichen Gebrauchen ihrer Glieder erlanget.“ Weiterhin ist überliefert, daß die Stärke des Quellflusses nachgelassen habe, nachdem eine Frau aus dem Dorf ihre Kinderwindeln in dem Brunnen gewaschen hat.

Der Brunnen wurde 1986 neu gestaltet und die auf dem Jakobsberg befindliche Kapelle wurde 1957 abgerissen und einige Meter weiter oberhalb des alten Standortes neu errichtet.

Drosteturm bei Beverungen-Wehrden

Wie oben erwähnt, verweilte Annette von Droste-Hülshoff gerne in Wehrden, zumal ihrer Tante – die mit Phillip Reichsfreiherr von Wolff-Metternich vermählt war –, das „neuantike Schloß“ besaß. Im Schloßpark findet sich die Ruine des alten Burgturmes, von dem man sich erzählt, daß der „alte“ Paderborner Bischof Hermann-Werner von Wolff-Metternich (1683–1704) dort nachts noch bei seiner Studierlampe sitzt. Alle Fenster des Turmes seien dann von einem bläulichen Licht umgeben, und je dunkler die Nacht, desto heller das Licht, das der Turm abstrahlt.

Wildberg

In der Nähe von Wehrden erhebt sich der Wildberg, ein sagenumwobenes Bergmassiv. Bis auf die bequem zugängliche Südseite fallen die übrigen Wände so steil ab, das ein Aufstieg hier nicht möglich ist.

Bereits in keltischer bzw. sächsischer Zeit wurde die Wildburg dort als Fliehburg errichtet, die ursprüngliche Lage der alten Burganlage ist noch erkennbar und Reste sind heute noch zu finden. (Ähnlich verhält es sich mit der Hasselburg, die zwischen Beverungen und Herstelle lag.)

Vom Wildberg erzählt man sich so manche Geschichte, deren Kern, wie wohl in den meisten Fällen, den berühmten Funken Wahrheit enthält.

Die erste Geschichte erzählt davon, daß vor langer Zeit Riesen, der/die eine wohnte auf dem alten sächsischen Kastell Brunsberg (früher Brunisberg, evtl. Ableitung von Brunhild), der andere auf dem Wildberg. Die Zeit sollen sich die beiden mit Ballspielen vertrieben haben. Eines Tages jedoch fiel der Ball in das Tal zwischen den Bergen und schuf ein großes, tiefes Loch, an dieser Stelle befindet sich nun die „Knäuelwiese“.

Eine etwas andere Version gibt die Geschichte mit folgendem Inhalt wieder: Die besagten Riesen schickten sich jeden Tag zum Zeitvertreib einen Brief. Dieser Brief war mit einem Knäuel Garn umwickelt, so daß er schwer genug war, daß sie ihn werfen konnten. An einem Tag verfehlte der Brief jedoch seinen Empfänger und schlug in ein Waldstück am Fuße des Brunsberges ein. Hier bildete sich ein großer Teich, in dem viele weiße Lilien wuchsen. Es gilt die Erzählung, daß noch in der heutigen Zeit am Ostermontag die „Weiße Frau“ kommt, um in dem Teich zu baden.

Die weiße Frau vom Wildberg

Die „Weiße Frau“ ist in dieser Gegend in vielen Erzählungen zu finden, so ist es dann auch nicht verwunderlich, daß sie auch in der nachfolgenden Geschichte von den sagenhaften Schätzen als das „Fräulein vom Wildberg“ Einzug gefunden hat.

Hierzu muß man auf die lange, ja schon fast traditionsreiche Geschichte der Schatzsucher am Wildberg zurückblicken. Seit Jahrhunderten ist hier von unermeßlichen Schätzen im Wildberg die Rede. Die erste große, dokumentierte Schatzsuche begann im Frühjahr des Jahres 1687. Die Leute der umliegenden Dörfer wurden bald samt und sonders, ähnlich einem Goldrausch, von dem Fieber der Schatzsuche erfaßt. Schnell sprach es sich herum, und die Corveyer Regierung, die bald Wind davon bekam, schritt schnellstens ein. Es wurde eine dringliche Untersuchung eingeleitet, mit vielen Verhören. Die anführenden Schatzsucher vermeldeten, daß sie genau wüßten, wo der Schatz zu suchen sei, das einzige, wessen man noch bedürfe, sei die „Springwurzel". Bei der Springwurzel handele es sich um eine andere Form der sog. Wunder- oder Schlüsselblume, die in der Lage sei, den Weg zu verborgenen Schätzen zu weisen und den Eingang dorthin zu öffnen.

Zwischenzeitlich war der Corveyer Regierung gemeldet worden, man habe in dem Dorf die Springwurzel gefunden und auch den Eingang zur Schatzhöhle entdeckt, sei jedoch von zwei großen, schwarzen Hunden bedroht worden, die einen Zutritt unmöglich gemacht hätten.

Um diesem Spuk ein Ende zu bereiten, setzte die Corveyer Regierung einen Geologen ein, der mehrere hundert Taler Vorschuß erhielt ... und sich nach kurzer Zeit selbst an der Schatzsuche beteiligte. Die Regierung schritt nun ein und bereitete diesem Treiben erstmals ein Ende.

Nach vielen kleineren Versuchen, den Schatz zu finden, gab es die nächste „Epidemie" im Jahr 1819. Der damalige Landesherr griff sofort energisch durch und ließ durch das Stadt- und Landgericht Höxter eine Untersuchung durchführen und die Leute verhören. Von nächtlichen Zusammenkünften, Zauberei und Spuk war die Rede. Mit der Wünschelrute habe man versucht, den Schatz zu lokalisieren und habe entsprechend den überlieferten Anleitungen nach einer Springwurzel gesucht.

In Überlieferungen findet man auch den Hinweis, daß das Fräulein vom Wildberg plötzlich auftauchte und eine Blume überreichte. Durch die Wunderkraft dieser Blume gelangte man in die Schatzhöhle und konnte sich die Taschen mit den wertvollen Edelsteinen, dem Gold und Geschmeide füllen. Meistens wurde davon berichtet, daß man dazu die Blume aus der Hand legte, und als man die Höhle wieder verlassen wollte, erklang der Ruf: „Vergiß das Wichtigste nicht!“. Durch den plötzlichen Reichtum so verblendet, dachte niemand mehr an das unscheinbare Blümchen. Ließ man die Blume dann in der Höhle zurück, fuhr der Eingang zu der Höhle so krachend und schnell zu, daß es den Schatzsuchern ein Stückchen von der Ferse abschlug, die Schätze zerfielen zu Staub oder mußten schließlich für die Heilkosten aufgebraucht werden.

Also, für den Fall, daß Sie in einer Vollmondnacht am Wildberg eine schöne blaue Blume finden sollten oder ein Specht aus seinem Nest eine Wurzel fallen läßt, heben Sie sie auf, wer weiß, welche sagenumwobenen und lang gesuchten Schätze sie finden werden, jedoch vergessen sie zum Schluß das Wichtigste nicht!

Der Werwolf vom Mäuseturm

Eine nette Geschichte rankt sich auch um den Ortsteil Rothe, der nicht nur durch den „Mäuseturm“ bekannt ist. Dieser „Mäuseturm“ war einst auch der Platz, an dem sich ein Werwolf umtrieb. Jedoch wurde das letzte Exemplar wohl vor einigen Jahrzehnten von dem Dorfschmied „vertrieben“, der aus einem der umliegenden Dörfer zu später

Der Mäuseturm

Abendstunde heimkehrte. Just an dem alten Wartturm wurde er hinterrücks von einer pelzigen Gestalt angegriffen, die über enorme Kräfte verfügte, jedoch wohl die des Schmiedes unterschätzt hatte. Der Schmied griff also um sich und bekam einen ledernen Gürtel zu fassen, den der Werwolf um seinen Leib geschlungen trug. Der Schmied konnte sein Messer ziehen und durchtrennte den Gürtel, wodurch der Pelz von dem Tier abfiel und einer der Bauern aus dem Dorf von diesem üblen Fluch erlöst wurde. Der Schmied ließ sich jedoch nicht beirren und verdrosch den Bauern, der sich in dem Werwolfkostüm sein Einkommen durch Überfälle auf Passanten aufbesserte, nach Strich und Faden. Seit diesem Tag wurde die Gegend wohl, wie man sagt, noch von Irrlichtern besucht, jedoch ein Werwolf wurde nicht mehr gesehen.

Der „Weißen Stein“

Der „Weißen Stein“ bei Beverungen

Bei diesem Stein handelt es sich um einen Felsblock, der durch ständigen Wasserkontakt mit einer Schicht Kalksinter überzogen wurde und somit aussieht, als sei er aus hellgrauem Marmor. Die Herkunft und der ursprüngliche Gebrauch des Steines ist noch nicht eindeutig geklärt, man vermutet jedoch, daß es sich um einen versprengten Stein handelt, der vor einigen Jahrhunderten zu rituellen Kulthandlungen verwendet wurde.

Später wurde er dann als natürliche Begrenzung benutzt (Schnadestein).

Auskunft erteilt: *Stadt Beverungen*
Weserstraße 10
37688 Beverungen
Tel.: 05273/92-0
Fax: 05273/92-120

Bad Driburg

Bad Driburg liegt inmitten des Naturparks „Eggegebirge – Südlicher Teutoburger Wald“. Aufgrund seiner Lage „mitten in der Natur“ sind hier noch seltene Pflanzen und Tiere zu bestaunen, die man teils kaum noch an einem anderen Ort in Deutschland finden kann. Dies hängt auch mit der abwechslungsreichen Wald- und Moorlandschaft in dieser Gegend zusammen. Und das, was Bad Driburg zu bieten hat, ist nicht wenig.

Iburg

Als Einleitung zur alten historischen Iburg soll hier das Zitat einer Textpassage von Friedrich Wilhelm Weber aus „Dreizehnlinden“ dienen:

„Götterstätte, jetzt umwuchert
von Gestrüpp und wilden Ranken,
und als Wohnort dunkler Mächte,
scheu gemieden von den Franken.“

Was mag dazu geführt haben, daß die Iburg mit „dunklen Mächten“ behaftet war, so daß sogar die mächtigen Franken diesen Ort gemieden haben?

Bad Driburg ist „zwar erst 700 Jahre Stadt“, aber nach Ausgrabungsfunden schon in der Zeit zwischen 3000 bis 600 v. Chr. besiedelt gewesen.

Und noch etwas anderes hat Bad Driburg mit großen historischen Städten, wie beispielsweise Rom, gemeinsam – sie wurde auf sieben Bergen erbaut. Nicht allein diese Parallele nimmt man gerne als Begründung für die Annahme, daß in (Bad Dr)Iburg der frühere Sitz der „Irminsul“ gewesen sei. Die Irminsul, eine gewaltige Nachbildung der „Weltesche“ Yggdrasil aus der germanischen Mythologie, war dem germanischen Kriegsgott Irmin geweiht (die „Irmin-Säule“). Der Sturz der legendären Irminsäule hätte, nach der Vorstellung der christlichen Missionare, die gleiche Wirkung, wie ehedem die Fällung der Donareiche durch Bonifatius (siehe Band „Hessen“). Karl der Große führte in diesem Gebiet „im siebten Jahr seiner Regentschaft“ einen Kriegszug durch das Land, „auf dem auch die Festung ‚Iborch‘ eingenommen wurde“. Nur einige Jahre später schenkte Karl das Gebiet der „Iburg“, auf Bitten des Papstes Leo III., der Kirche und es gelangte so in den Besitz des Bischofs von Paderborn.

In der Mitte des 9. Jh. n. Chr. wurde hier dann ein klösterliches Frauenstift für hochadelige Damen gegründet, und ca. 200 Jahre später erfolgte die Umwandlung in ein Benediktinerinnenkloster. Doch da der Boden, der zu dem Kloster gehörte, nur spärlichen Ertrag brachte, verließen die Nonnen es nach einigen Jahren wieder.

Aus dieser Zeit scheint auch die folgende Überlieferung zu stammen:

Marienbild und Altar auf der Iburg

Das Kloster auf der Iburg wurde nach einiger Zeit aufgelöst und die Nonnen kamen, um die Heiligtümer aus dem Kirchenbau zu entfernen. Nur das Marienbild ließ sich nicht durch Menschenkraft entfernen. Nach einiger Zeit kamen einige Ordensschwestern wieder und hielten eine letzte Messe vor dem Hochaltar, der aus reinem Gold gewesen sein soll. Als der Gesang der Nonnen erscholl, bewegte sich das Marienbild fast wie von selbst von der Wand und schwebte auf die Betschwestern zu. Der Altar versank bei Klängen überirdischer Musik im Boden. Man sagt, daß der Altar später durch einen verborgenen Gang, den allerdings nur wenige Mönche einer nahegelegenen Abtei kannten, wieder erreichbar war. Und ein Mönch hatte den ehrenvollen Auftrag, den geheimen Weg jeden Abend zu gehen, eine Messe vor dem Altar zu halten und dort bis an den nächsten Morgen zu wachen.

Irminsul

Doch zurück zum Mythos „Irminsul". Wie auch bereits eingangs erwähnt, zog Karl der Große in der Zeit ab 772 durch das heutige Westfalen auf die Feldzüge gegen die Sachsen. Hier bei Iburg soll damals der Standort der Irminsul gewesen sein. Heute wird bereits darüber spekuliert, ob es sich vielleicht nur um eine Irminsul gehandelt habe, oder ob an den anderen Standorten, wie etwa Olsberg/Bruchhauser Steine oder bei den Externsteinen nahe Bielefeld, weitere Säulen aufgestellt waren. Da mehrere Orte für sich in Anspruch nehmen, das Stammesheiligtum der Sachsen beheimatet zu haben, ist heute nur noch schwer nachvollziehbar, wie die Irminsul nun tatsächlich aussah und wo sie genau gestanden hat.

Die Darstellung des Sturzes der Irminsul beziehungsweise eine bildliche oder skulpturelle Abbildung finden sich auf einer Wandmalerei im Rathaus zu Aachen, in einem Relief an den Externsteinen bei Bielefeld und erwähnenswert ist hier auch noch die Ausstellung in der Walpurgishalle auf dem Hexentanzplatz bei Thale (Harz). Man kann zwar anhand der Beschreibung in der Geschichtsschreibung der Sachsenfeldzüge Rekonstruktionen anfertigen, ob sie jedoch dem ursprünglichen Bild entsprechen oder dem Betrachtungswinkel des Schreibers, sei dahingestellt. Die Kunstwerke wurden – eventuell bis auf das Relief an den Externsteinen – allerdings auch erst einige Jahrhunderte später geschaffen und unterlagen somit auch der Vorstellung der jeweiligen Künstler.

Historisch gesichert ist jedoch, daß kurz nach 772 die Errichtung einer katholischen Kirche auf der Iburg stattfand. Diese Kirche wurde dem heiligen Petrus geweiht und war eine der ersten Kirchen auf sächsischem Gebiet; dies allein könnte schon auf die Richtigkeit der Vermutung des Standortes der Irminsul hinweisen, da zu jener Zeit vorzugsweise an den alten Stätten heidnischer Götterverehrung Kirchen, Klöster und Abteien errichtet wurden, um der Bevölkerung ihre neue Glaubensausübung an den alten Stätten zu ermöglichen. Dies hatte den einen Hintergrund, daß das Volk somit zumindest eine Anbindung an den Ort hatte und die neue Glaubensrichtung somit nicht direkt ablehnen konnte; denn etwas von der „alten Kraft“ müsse noch erhalten sein, dies glaubte der Teil der Zwangskonvertierten, die noch an den früheren Göttern und Ritualen anhingen. Denjenigen, die zum christlichen Glauben konvertierten und dies als Glaubensrichtung für sich annahmen, sahen darin die Bestätigung, daß der „neue Gott“ so mächtig sei, daß er sogar die „alten Götter“ aus ihrem Sitz vertreiben konnte, um nun selbst darin angebetet zu werden.

Die Kirche selbst ist heute nur noch in ihren Grundmauern zu erkennen. Mag dies vielleicht das Werk der „dunklen Mächte“ sein, „wegen derer schon die Franken diesen Platz mieden“?

Ulenstein

Nahe der Ortschaft Alhausen findet sich der „Ulenstein“. Eine genaue Deutung der Herkunft des Namens liegt nicht vor. In dem Felsen befindet sich ein Spalt, der als „Blutrinne“ bezeichnet wird. Hier geht man davon aus, daß dort vorzeitliche Rituale durchgeführt wurden, bei denen es dem Anschein nach um rituelle Tier- oder Menschenopfer ging. Auch wird die angrenzende Plattform als „Opferstelle“ gedeutet.

Auskunft erteilt: *Städtisches Verkehrsamt*
Bad Driburg
Lange Straße 140
33004 Bad Driburg
Tel.: 05253/8 81 80 oder 8 81 82
Fax: 05253/8 81 35

Bad Münstereifel

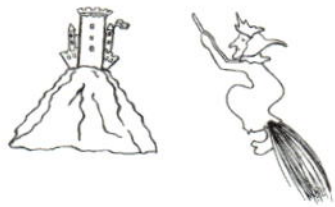

Bad Münstereifel ist ein schönes historisches Städtchen, daß neben den vielen anmutigen Fachwerkhäusern auch noch über eine vollständig erhaltene und in großen Teilen begehbare Stadtmauer verfügt. Alleine der Gang über die Stadtmauer verschafft schon einen guten Einblick in die Stadtgeschichte, die geprägt wurde durch die Römer, die hier viele Handwerksbetriebe gründeten und auch die wirtschaftliche Blüte in den folgenden Jahrhunderten.

Matronenheiligtum und Merkurtempel

Im Ortsteil Nöthen finden sich auf der Gemarkung „Auf dem Addig" die Überreste eines gallo-römischen Matronentempels. Der Tempelbezirk wurde zu Beginn unseres Jahrhunderts ergraben und die Zeiten der erstmaligen kultischen Nutzung gehen in das erste Jahrhundert vor Christus zurück. Eine zweite Bauphase zur Erweiterung des Heiligtums schloß sich ungefähr 400 Jahre später an. Verehrt wurden hier die Matronae Vacallinehae, wobei der Ursprung des Namens, wie bei den meisten Matronen, bisher auch noch nicht entschlüsselt werden konnte.

In diesem Tempelbezirk war auch ein Heiligtum dem römischen Gott Merkur geweiht, der in der nordischen Mythologie Wotan und auch Hermodhr gleichgestellt wird. Es gab auch weitere Funde, die die Annahme einer

Vermischung vieler religiöser, mythologischer Kulte an diesem Ort stützen. So wurden in dem Heiligtum weiterhin noch Kebele und Jupiter verehrt. Die Ursprünge der Stätte lagen dabei wohl vor der römischen Einflußnahme im Kult der „Großen Mutter".

Die Tempelanlage wurde mit Einzug der Franken in dieses Gebiet mit brachialer Gewalt zerstört, sodaß sich heute nur noch Überreste der Mauerstücke und von Votivtafeln finden. Die Kurverwaltung der Stadt Bad Münstereifel plant jedoch, zukünftig die Anlage für Besucher anschaulicher zu gestalten und dort Führungen zu veranstalten.

Cautio Criminalis und Wemütige Klage

Hermann Löher wurde als Sohn eines Wollhändlers in Bad Münstereifel geboren, bevor er mit seiner Familie in die Stadt Rheinbach zog, wo er eine fürchterliche Zeit der Hexenverfolgung miterlebte. In Amsterdam schrieb er in hohem Alter schließlich die „Wemütige Klage", in der er seine Erfahrungen, aber auch Anklagen gegen die Hexenprozesse sowie Abdrucke bis dahin unveröffentlichter Werke gegen die Hexenverfolgung veröffentlichte.

Von der „Wemütigen Klage" existieren heute nur noch die beiden Korrekturexemplare von Löher. Eines dieser beiden befindet sich heute im Städtischen St. Michaelsgymnasium, einem Jesuitenkolleg. Dort befindet sich weiterhin eines der seltenen Exemplare der „Cautio Criminalis" , dem Hexenhammer von Jacob Sprenger und Heinrich Institoris. Diese beiden Schriften hatten maßgeblichen Einfluß auf die Verfahrensweise der Hexenprozesse, die „Cautio Criminalis" als Prozeßwerk und die „Wemütige Klage" als Anklage gegen die Verfahrensweise.

Beide Bücher sind allerdings nicht öffentlich ausgestellt, sondern befinden sich in archivarischer Verwahrung. Für den Fall, daß man sich diese Exemplare ansehen möchte, muß ein Termin mit der Verwaltung des Gymnasiums vereinbart werden.

Auskunft erteilt: *Städtische Kurverwaltung*
Bad Münstereifel
Langenhecke 2
53902 Bad Münstereifel
Tel.: 0225/505-180
Fax: 0225/505-114

oder *Hürthen Heimatmuseum*
Langenhecke 6
53902 Bad Münstereifel
Tel.: 02253/80 27
Fax: 02253/505-114

Balve

Balve, im Märkischen Kreis, liegt ungefähr 45 Kilometer östlich von Wuppertal entfernt, inmitten einer Landschaft, die geprägt ist von Flüssen und Stauseen, Bergen, Tälern und Höhlen.

Die Höhlen dürften auch die hauptsächlichen Kultorte des Gebietes um Balve gewesen sein, denn hier befinden sich im Umkreis von nur einigen Kilometern unter anderem die Karhofhöhle, die Reckenhöhle, die Leichenhöhle und die Balver Höhle sowie noch einige kleinere und größere Höhlen mehr, die aber teils noch nicht erschlossen bzw. die Untersuchungsergebnisse noch nicht abgeschlossen sind. Von all den bekannten Höhlen kann man wohl ruhigen Gewissens sagen, daß hier in früheren Jahrhunderten kultische Rituale durchgeführt wurden.

Höhlen waren dem Menschen in der Frühzeit heilige und unheimliche Orte zugleich. Teils wurden Höhlen, mit ihren häufig recht gefährlich verlaufenden Gängen, als Wohnstätten benutzt, andere dienten für die Verehrung bestimmter Kulte. So ist es bekannt, daß auch manche prägnanten Höhlen, darunter auch als Erdspalten in Richtung des Erdinneren abfallende Öffnungen, als Opferstätten verwendet wurden. In einer nicht gerade geringen Anzahl wurden Tier- und Menschenopfer dargebracht, in anderen wurden Getreide, Schmuck und Gebrauchsgegenstände geopfert. Diese Art der Verehrung geht zurück auf den Kult der „Großen Mutter“, aus der alles entstand und in die alles auch wieder zurückkehrt.

Um eine gute Jagd, oder in späterer Zeit ein hohen Feldertrag, zu erhalten, wurde geopfert. Man wollte die Naturgottheit(en) versöhnlich stimmen. Das höchste zu erbringende Opfer konnte dabei nur die Darbringung eines Lebewesens sein, wobei diese Art des Ritus eher die Ausnahme gewesen sein dürfte, denn es bestand ein Bezug zu der Gewichtigkeit der Bitte und dem daraufhin zu opfernden Objekt. Auch Dankopfer wurden in diesen Höhlen vollzogen, die Teile einer Ernte oder auch Fleisch und Knochen der Beute beinhalteten.

In unserer Zeit ist von den Ritualen, die für die jetzt lebenden Generationen kaum vorstellbar sind, und auch von den Hinweisen auf die ursprüngliche Nutzung nicht mehr viel geblieben. Teils werden Ausgrabungsfunde in und an den Höhlen ausgestellt, dies ist aber auch nicht immer der Fall.

Balver Höhle

Bei der Balver Höhle handelt es sich um eine sog. Schauhöhle, die der Öffentlichkeit zur Veranschaulichung frühzeitlicher Lebensweise dient. Werkzeuge und Tierknochen wurden in dieser Höhle gefunden.

In späteren Zeiten, meist nach Beginn der Christianisierung, sah man in den Felsspalten und Höhlen immer seltener die Öffnung der Mutter Erde, sondern mehr den Eingang zur Unterwelt. Höhlen wurden somit mystifiziert.

Zwerge benutzten sie als Zugang in den Berg, wo sie enorme Schätze hüteten, und auch der Weg in die Hölle, den Orcus oder den Hades begann nach den alten Erzählungen irgendwo mit einem Höhleneingang. So blieb und bleibt es gar nicht aus, daß im Laufe der Zeit verschiedenen Höhlen teils wunderkräftige, teils wundersame Geschehnisse zugerechnet wurden. Und so rühmt sich auch Balve, in einer der vielzähligen Höhlen eine berühmte Sagenfigur, deren Ursprünge bis in die Antike zurückgehen, beherbergt zu haben. Er heißt mit Namen:

Wieland der Schmied

Es wird vermutet, daß er seine legendäre Schmiede in der Balver Höhle hatte, jedoch heißt es in der Thidreksaga „bei den Zwergen, die im Felsen Kallova hausten". Somit liegt die Vermutung nahe, daß der Schmiedemeister, der das legendäre Schwert Mimung schuf, seine berühmte Werkstatt in der Karhofhöhle bei Balve-Volkringhausen hatte. Vielleicht gibt es dort ja heute noch Zwerge?

Auskunft erteilt: *Stadt Balve*
Widukindplatz 1
58797 Balve
Tel.: 02375/926-0
Fax: 02375/926-160

Bergisch-Gladbach

Die Stadt Bergisch-Gladbach ist das „Herz" des Rheinisch-Bergischen Kreises und war einst der Sitz der Herren von Berg. Durch den Altenberger Dom gehörte das Bergische Land (siehe auch Düsseldorf →Weiße Frau) in allen Jahrhunderten zu den bedeutenden Regionen des Rheinlandes.

Nicht nur das zu allen möglichen sportlichen Aktivitäten einladende Gebiet, mit seinen vielen Stauseen, den üppigen Wäldern und Wiesen sowie die berühmte „Bergische Kaffeetafel" laden zum Verweilen ein. Romantisch anmutend auch die kleinen Fachwerkdörfer, mit ihren historischen Häusern.

Im Ortsteil Bergisch-Gladbach Bensberg, am Rathaus, Wilhelm-Wagnet-Platz, findet man eine Gedenktafel, die in Erinnerung an die Hexenprozesse angebracht wurde.

Gedenktafel

Erwähnt wird auf dieser Gedenktafel die Geschichte einer Frau aus dem Ortsteil Nittum,

... eine Geschichte, die so typisch ist für diese Verfolgung,

... eine Geschichte, die sich wahrscheinlich in tausendfacher Zahl so zugetragen haben dürfte.

Prozeß der Katharina Güschen

Erhalten ist über diesen Hexenprozeß eine Schrift des V. von Zuccalmaglio aus dem Jahre 1846. Zugetragen hat sich dieser Hexenprozeß in den Jahren 1611/12 in Bensberg, das damals dem Kreis Mülheim am Rhein angegliedert war.

In diesem Bericht ist die Rede von einer jungen Frau, einer Tagelöhnerin und Mutter einer minderjährigen Tochter. Sie wurde angeklagt, Liebes- und Schadenzauber betrieben zu haben. Begonnen hat das Verfahren wie die meisten anderen auch.

Die Katharina Güschen war verwitwet und erneut verheiratet. Ihr zweiter Ehemann mißbrauchte und schlug sie, und eines Tages machte er sich einfach aus dem Staub, ließ sie mit der kleinen Tochter alleine.

Sie mußte für den Lebensunterhalt sehr hart arbeiten und war manchesmal kaum in der Lage, die notwendigsten Dinge kaufen zu können.

Da sie in „bestem" Alter war, wurde sie sehr schnell ausgegrenzt. Selbst in der heutigen Zeit haben es alleinerziehende Mütter und Väter nicht leicht, doch war die Situation vor mehr als 300 Jahren noch entschieden schlimmer. Die anderen Frauen des Ortes fürchteten um den Bestand ihrer Ehen und das Seelenheil ihrer Männer, denn eine „solche" war ja in der Lage, die Mannsbilder mit Liebeszauber zu behexen.

So begann fast jede Art der Diffamierung, und falls es dann in zeitlichem Zusammenhang noch zu Mißernten oder Miß- und Fehlgeburten bei Mensch oder Tier kam, war die Stigmatisierung vorprogrammiert. Dann folgte dem Getuschel im Dorf nur noch die Denunzierung bei den Geistlichen oder den Gesetzeshütern. Beides hatte meistens die gleichen Auswirkungen.

Erst einmal der Gerichtsbarkeit auffällig geworden, begann die Tretmühle des Prozesses mit Verhören und Folter. Erschwerend kam hinzu, daß aus der Familie der Katharina Güschen schon Hexen aus vorhergehenden Generationen bekannt waren, und so wurde auch sie fast zwangsläufig – nach einem langen Leidensweg – durch die Inquisition verurteilt.

Sie wurde im Hexenturm von Bensberg eingekerkert. Der Hexenturm ist heute in der ursprünglichen Form nicht mehr erhalten, er wurde architektonisch in die Formgebung des neugebauten Rathauses integriert. Elf Monate war sie in dem Turm inhaftiert, dem Verhör, letztendlich mehrmals durch Folter, hoffnungslos ausgesetzt. Sie gestand, widerrief, und so zögerte sich das abschließende Urteil immer weiter hinaus. Bis sie dem Kerkermeister zu teuer wurde, denn man hatte ja in dieser Zeit für ihre „Verpflegung" aufzukommen. Kurz vor Jahresfrist dieses peinigenden Verfahrens wurde sie zum „Tod durch Feuer" verurteilt, die Vollstreckung wurde durch das „vorherige strangulieren" abgemildert.

Lustheide mit Gräberfeld

Den Ortsteil Nittum gibt es heute noch, und auch das Forststück „Lustheide", in der die Vollstreckung des Urteils erfolgte. In der „Lustheide" befindet sich der sog. „Hexenteich". Ob sich der Name des „Hexenteiches" auf die damaligen Prozesse zurückführen läßt oder welche weiteren Umstände zu der Namensgebung führten, ist unbekannt.

Im Bereich der „Lustheide" sind auch noch einige Hügelgräber zu finden.

Die Bezeichnungen „Lustheide", „Hexenteich" und auch die Grabhügelanlage deuten darauf hin, daß hier in vor-

bzw. frühchristlicher Zeit kultische Handlungen, eventuell nur zu bestimmten Jahreszeitenfesten, stattgefunden haben.

Auskunft erteilt: *Stadt Bergisch Gladbach*
Hauptstraße 310
51439 Bergisch-Gladbach
Tel.: 02202/14 22 08
Fax: 02202/14 22 16

Bonn

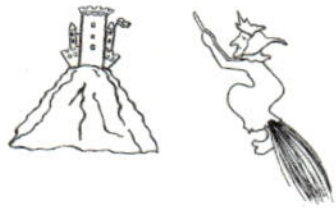

Bonn hat das gleiche „Problem“ wie die meisten Städte in unmittelbarer Rheinlage. Nicht nur die idyllische Lage, sondern auch der Vorrat und die Qualität des Wassers sowie der umliegenden Bodenflächen war grundsätzlich von vorrangiger Bedeutung. Von den historischen Bodendenkmälern blieb aufgrund der wachsenden Struktur nicht sehr viel übrig. Nichtsdestotrotz finden sich in Bonn immer noch sehr viele Hinweise auf das, was einmal war, das meiste davon jedoch im Rheinischen Landesmuseum (geöffnet: Di–Fr 9.00–17.00 Uhr, Mi 9.00–20.00 Uhr, Sa und So 10.00–17.00 Uhr; Führungen müssen 10 Tage im voraus angemeldet werden. Tel.: 0228/72 94-354 od. 356). Hier ist die Auswahl an Funden, teils aus dem gesamten Rheinland, auch reichhaltig. Matronensteine, Säulen(stücke) und vieles mehr sind hier ausgestellt. Und es bleibt zumindest der Trost, daß die Fundstücke durch die geschützte Unterbringung vor weiteren Zerstörungen geschützt werden.

Matronenkult

Der Matronenkult war zu Beginn unserer Zeitrechnung der im Rheinland vorherrschende. Zeugnis über diese Kultform erhält man durch die vielfältigen Votivtafeln, die diesen Gottheiten geweiht wurden. Bonn war für diesen

Kult, verstärkt durch das römische Garnisonslager am Rhein, eine Zentrale. Natürlich findet man diese Art der Götterverehrung auch in der Nähe der übrigen römischen Lager und Statthaltungen, doch vermutet man in Bonn den Sitz des Großheiligtums der Matronae Taufanae, erwiesen ist dies jedoch bisher noch nicht. Andere Vermutungen nennen Aachen-Kornelimünster als Hauptort der taufanischen Gottheit. Bei verschiedenen Grabungsarbeiten, die nicht unbedingt ursprünglich archäologischen Hintergrund hatten, fand man dann immer wieder Bruchstücke und vereinzelt auch gänzlich erhaltene Weihetafeln. Insofern man sich für diesen Teil der „Kulthistorie" interessiert, lohnt sich auf jeden Fall der Besuch des Rheinischen Landesmuseums. Gewiß ist, daß in Bonn ein Matronentempel um 160 n. Chr. errichtet worden ist, dessen genaue Lage bis heute allerdings nicht lokalisiert werden konnte.

Kultstätten – *Venusberg*

Nicht nur, daß Bonn mit einem herrlichen Blick über das naheliegende Siebengebirge aufwarten kann, nein, die Stadt selbst verfügt auch über diverse „Hausberge" mit wohlklingenden Namen. So fällt in diesem Zusammenhang direkt der „Venusberg" auf, der in frühen Jahrhunderten Kultort für die Anbetung der Fruchtbarkeitsgöttin gewesen sein dürfte. Da mit den Römern auch viele der alten Götternamen in die römische Form gebracht wurden, bleibt es nicht verwunderlich, daß somit Frau Venus ihren Stammsitz auf eben jenem Berg einnahm, wenn sie am Rhein verweilte. Wer mag es ihr auch verdenken, bei dieser Aussicht?!

Kultstätten – *Godesberg*

Und fast unmittelbar gegenüber dem bekannten Drachenfels des Siebengebirges erhebt sich in Bonn-Bad Godesberg jener Berg, der dem Ort seinen Namen gab, der „Godesberg“. Folgt man Jacob Grimm, dem Begründer der Germanistik, auf seiner Spurensuche deutscher Orts- und Gebietsnamen, so leitet sich „Goden“ von „Wotan“ ab. Betrachtet man die Lage des Berges, von dessen Kuppe man einen guten Blick in das Rheintal und auch auf das gegenüberliegende Siebengebirge hat, so ist durchaus vorstellbar, daß dies der Sitz der höchsten Gottheit alter Mythologie war. Alleine die Tatsache, daß sowohl Godes- als auch Venusberg bebaut wurden, läßt derzeit keine Erwartung auf Funde vorchristlicher Götterverehrung zu.

Hexenverfolgung

Im 12. Jahrhundert erfolgt in Bonn die Hinrichtung dreier Ketzer durch den Feuertod. Das Verfahren leitete damals Graf Otto von Rheineck, der zu dieser Zeit Vorsitzender des erzbischöflichen Gerichts war. Die Hinrichtung fand in der Nähe des heutigen Nordfriedhofes nahe der Kreuzung Brüsseler Straße (in der Fortsetzung der Friedrich-Wöhler-Straße) und Galgenpfad statt.

Nunmehr war für einige Jahrhunderte Ruhe, was die Verfolgung von Ketzern und Hexen betraf, doch mit Ende des 16. Jahrhunderts setzten unter Kürfürst Ernst in Kurköln wieder Hexenverfolgungen ein. In Bonn sind nur wenige Hexenprozesse geführt worden, zumindest soweit sich das aus den heute vorhandenen Akten feststellen läßt. Ein Prozeß erregte aber im 17. Jahrhundert beson-

Die Godesburg

deres Aufsehen: Elisabeth Kurtzrock wird der Hexerei angeklagt. Ihr verstorbener Mann war Schöffe, und sie führte zu ihrem Lebensunterhalt als Wirtin das Lokal „Zur Blomen". Ihr erging es, wie den meisten anderen auch, die in die Mühlen dieser Hexenprozesse geraten waren, aus denen kaum jemand wieder herauskam: sie wurde auf dem Marktplatz verbrannt. Lange Jahre stand noch vor dem Bonner Münster eine Gerichtssäule, die ehedem als Pranger benutzt wurde – möglicherweise war auch sie eine Etappe auf dem Weg der Elisabeth Kurtzrock.

Auskunft erteilt: *Bundeshauptstadt Bonn*
Berliner Platz
53103 Bonn
Tel.: 0228/77-1
Fax: 0228/77-43 01

Bornheim

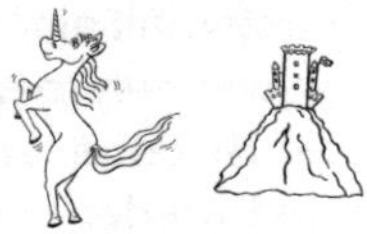

Der „dreifache“ Merkur

Bornheim lag bereits in Römerzeiten an der wichtigsten Handelsnebenstraße zwischen Köln und Trier, und auch heute noch ist die Stadt einer der Hauptlieferanten für Obst und Gemüse in das gesamte Bundesgebiet. So verwundert es einen denn auch kaum, wenn der für die Handelsbeziehungen angebetete Gott Merkur hier manchesmal als „dreifaches Lottchen“ erscheint.

Im Stadtgebiet von Bornheim wurden drei bedeutende römische Weihesteine, davon zwei dem Gott Merkur geweiht, gefunden.

Einer der Merkurvotivsteine befindet sich in der Bürgerhalle des Rathauses, eine Replik in Bornheim-Kardorf an der Ecke Lindenstraße/Schulstraße und ein weiterer Abguß dieses Steines ist im Rheinischen Landesmuseum Bonn aufgestellt. Dieser, aus dem 2. oder 3. Jahrhundert nach Christus stammende Stein wurde bei Feldarbeiten in der Nähe der katholischen Kirche St. Aegidius im Ortsteil Hemmerich entdeckt. Sehr viel ist von der Götterstatue auch nicht mehr erhalten, denn die in das Rheingebiet einrückenden Franken zerstörten, wie viele andere heidnische Abbilder auch, diese Darstellung des römischen Gottes, und so blieb von ihm fast nur noch der Torso und die Weiheinschrift übrig. Beinahe außergewöhnlich gut ist jedoch die Inschrift des Weihesteines erhalten geblieben, anhand der sich rekonstruieren läßt, daß der Stein dem „Merkur von der Erbin des Annonus, Nigrina Titula – aufgrund eines Traumes (dazu) ermahnt – gern (und) nach Verdienst“ aufgestellt wurde.

Ähnlich verhält es sich mit dem zweiten Merkurdenkmal. Das Original ist ebenfalls im Rathaus ausgestellt, je ein Abguß davon befindet sich in Bornheim-Sechtem am Feuerwehrgerätehaus und im Rheinischen Landesmuseum Bonn.

Der dritte Fund eines römischen Weihesteines erfolgte beim Abbruch der Kirche in Merten, unter deren Fundamenten sich der Votivstein befand. Das Original des Fundstückes ist im Rheinischen Landesmuseum Bonn zu sehen, ein Abguß befindet sich in Bornheim-Merten, am Friedhof des „Romanischen Chörchen“.

Auffällig ist an den in Bornheim gefundenen Weihesteinen, daß die Widmungen fast ausschließlich durch Frauen erfolgten. Es wird angenommen, daß sich irgendwo auf heutigem Bornheimer Stadtgebiet ein sehr großer Kultbezirk zum einen des Gottes Merkur, zum anderen der Matronenverehrung befunden haben muß. Bisher konnte der Tempelbezirk aber nicht näher lokalisiert werden.

Auskunft erteilt: *Stadt Bornheim*
Rathausstraße 2
53332 Bornheim
Tel.: 02222/945-0
Fax: 02222/945-126

Brilon

Als „Brei-Lohn“ soll die Stadt einst von Karl dem Großen an dort ansässige Bauern vergeben worden sein. Hiervon handelt eine Erzählung zur Deutung des Namens „Brilon“. So heißt es, daß Karl auf einem seiner Sachsenfeldzüge durch die Wälder des Hochsauerlandes umherzog, auf der Suche nach einem Rastplatz für sich und sein Gefolge. So geschah es, daß sie an einem Bauernhof vorbeikamen. Nun sah Karl auf seinen Kreuzzügen wohl weniger wie ein König und späterer Kaiser aus, wahrscheinlich mehr wie ein „normaler“ Ritter unter seinesgleichen. Und die Bauersleute, die ihn ja von Angesicht nicht kannten, vermuteten keine so hochstehende Persönlichkeit hinter der einen oder anderen Rüstung. Doch waren die Bauern freundlich und gewährten den Kriegern und Kämpfern Gastfreundschaft. Da sie aufgrund der Vielzahl des Gefolges und aus den einfachen Lebensmitteln keine große Bewirtung vornehmen konnten, erhielten alle eine nahrhafte Mahlzeit – Brei. Karl gab sich seinen Gastgebern am nächsten Morgen zu erkennen und bedankte sich bei Ihnen mit Grund und Boden, den sie von ihrem Gehöft aus an einem Tag mit dem Pferd umrunden konnten.

Baumkult/Naturdenkmäler

Noch heute besitzt die Stadt Brilon soviel eigene Waldfläche (11.000 ha), wie kaum eine andere Stadt in Deutschland. Dies allein schon macht den Ort erlebenswert, denn in diesen Wäldern finden sich unzählige alte Bäume, die als Naturdenkmäler den früheren Baumkult bzw. die Verehrung der Bäume als Sitz verschiedener Gottheiten, plastisch darstellen können.

Und kultische Verehrung war zu allen Zeiten im Sauerland gegeben. In der Umgebung von Brilon waren diese Kultplätze, wie zu jener Zeit eigentlich üblich, vorwiegend Plätze in der Natur, die durch ihre Eigenarten von dem Volk als Aufenthaltsort eines Gottes angenommen wurden. So wurden denn auch besonders steile Felswände, auffällige oder durch Alter wuchtige Bäume, hohe Bergkuppen, Felsspalten und -höhlen und andere natürliche Formationen als Ort ritueller Verehrung genutzt.

Heute weisen teils nur noch die Namen auf die ursprüngliche Nutzung hin – und wenn man Glück hat, gibt es auch noch ein(ig)e alte Geschichte(n) dazu.

Berg „Weiße Frau"

Zu dem Berg „Weiße Frau", auf den Anspruch als keltischer Kultplatz erhoben wird, nahe des Ortsteils Rösenbeck, gibt es leider nur die Auskunft, daß hier einmal eine „weise Frau" gelebt und wundertätige Dinge vollbracht haben soll. Vermutlich handelte es sich bei dieser „weisen Frau" um eine Eremitin oder auch eine hier ansässige keltische Priesterin. Leider liegen hier keine weiteren Hinweise auf eine bestimmte Kultform vor, jedoch ist das

Gebiet in dieser Hinsicht auch noch nicht sehr weitgehend erforscht.

Der Borberg

Der Borberg liegt ca. 5,5 Kilometer südlich von Brilon.

So sind zum Beispiel die Überreste der keltischen Befestigungsanlage auf dem Borberg, deren Entstehung auf den Zeitraum um Christi Geburt bezogen wird, als Stammessitz anzusehen. Karl der Große war in der Zeit des ausgehenden 8. Jahrhunderts in diesem Gebiet unterwegs, um die Christianisierung weiter voranzutreiben und erneuerte die Befestigungsanlage. Sie war als Stützpunkt für die Truppen einerseits und als Bollwerk des christlichen gegen den heidnischen Glauben andererseits

Der Borberg

gedacht. Auf den Borbergterrassen findet man dadurch auch weiterhin Wälle, Gräben und Hügel, die auf die ehemalige Nutzung schließen lassen.

Am höchsten Punkt der Bergkuppe wurde, so belegen Überreste, eine Kapelle und ein Friedhof angelegt, welche aus dem 13. Jahrhundert stammen. Verschiedene weitere Funde weisen darauf hin, daß hier allerdings bereits früher schon eine kirchliche Station errichtet worden ist. Zu Beginn dieses Jahrhunderts wurde auf der Kuppe des Borberges wiederum eine Kapelle errichtet, verschiedene Grabungsstätten und -funde sind aber, für den Besucher zugänglich, erhalten geblieben. Desweiteren werden dem Besucher auf Schautafeln die einzelnen Stationen der Anlage erläutert.

Auskunft erteilt: *Verkehrsverein Brilon*
Steinweg 26
59920 Brilon
Tel.: 02961/80 96
Fax: 02961/5 11 99

Büren

Im Paderborner Land, am Rande des Sauerlandes gelegen, blickt Büren auf eine lange Besiedlungsgeschichte zurück.

Einen Teil der Geschichte stellten auch die Hexenprozesse dar, die hier zu Beginn des 17. Jahrhunderts geführt wurden. Sie hatten zur Folge, daß in einem ersten Verfahren 5 Personen und ein Jahr später innerhalb eines Monats 50 Personen – Männer, Frauen und Kinder – der Hexerei beschuldigt und hingerichtet wurden. In den Archiven sind noch zahlreiche Dokumente über die Prozeßakten und auch die Rechnungen der Scharfrichter einzusehen.

Hexenkeller und Burg Ringelstein

Schauplatz dieses Geschehens war unter anderem der „Hexenkeller" auf der heute verfallenen „Burg Ringelstein". Auch ranken sich um die Ruine Burg Ringelstein zahlreiche Geschichten und Legenden. Und auch der Teufel soll auf Burg Ringelstein beheimatet gewesen sein, so erzählt ein Gedicht. Der Teufel soll in den Kellergewölben der Burg Ringelstein unermeßliche Schätze gelagert haben, die ein Landsknecht für sich holen wollte. Der Teufel wollte sich nun seiner Seele bemächtigen und griff ihn an, der Landsknecht entkam in letzter Minute und verlor auf der Flucht nicht nur die Schätze, die er sich in die Taschen gestopft hatte, sondern auch noch seine Ferse, die ihm eine zufallende Tür abschlug. Dies erin-

Ruine der Burg Ringelstein

nert an die Legenden über die sagenhafte Schlüsselblume, die den Weg zu verborgenen Schätzen wies, wurde sie jedoch im Berg vergessen, schloß sich der Eingang so schnell, daß es den Schatzsucher meist einen Teil seines Fußes kostete.

Auskunft erteilt: *Stadt Büren*
Verkehrsamt
Königstraße 18
33142 Büren
Tel.: 02951/97 01 71
Fax: 02951/97 01 20

oder *Verkehrsverein Harth*
Harthberg 23
33142 Büren-Harth
Tel.: 02958/332

Corveyer Land

Der Einfachheit halber sind hier nun verschiedene Erzählungen aus den Ortschaften des Corveyer Landes zusammengefaßt. Es handelt sich hierbei hauptsächlich um Überlieferungen aus dieser Gegend, die allerdings keinen direkten regionalen Bezug aufweisen. Teilweise sind zwar Ortschaften oder Ortsteile bzw. Liegenschaften genannt, die direkte Zuordnung konnte aber nicht getroffen werden.

Jedoch sind diese Geschichten erzählenswert, und, falls man einige freie Stunden oder Tage in der Gegend verbringen möchte, zur Einstimmung hervorragend geeignet.

Das „Düvelshus"

In einer Ortschaft namens Bökendorf gab es ein Haus, worin vor etlichen Jahr(hundert)en ein Hexer gewohnt haben soll. Dieser Hexer machte sich einen Spaß daraus, seine Mitbewohner durch allerlei Unfug und Schabernack zu schädigen. Der ansässige Gutsherr lauerte ihm eines Nachts mit einem Gewehr auf, welches mit geweihten silbernen Kugeln geladen war. Als der Hexer nun in der Gestalt eines Werwolfes erschien, schoß ihm der Gutsbesitzer direkt ins Bein, so daß man ihn am nächsten Tag durch die Einschußwunde der „Hexerei" überführen konnte. Vor Gericht beteuerte er, daß er dem Dorfe eine goldene Kette vermachen wolle, die dreimal das Dorf umfasse, wenn man ihn nur wieder frei ließe. Die Richter und Dorfbewohner ließen sich auf diesen Handel ein und er konnte das Gericht als freier Mann verlassen. Da er jedoch nicht in der Lage war, die Kette herbeizuschaffen, hat man ihn letztendlich doch noch verurteilt und auf dem Scheiterhaufen verbrannt.

Die Todesbotin der Abtei zu Corvey

Im Chor der Abteikirche Corvey befand sich zu allen Zeiten eine weiße Lilie, welche nicht verblühte. Doch diese Lilie war immer die Vorbotin für einen nahenden Todesfall in der Abteil, denn wenn ein Mönch an der Zeit war, zu sterben, lag diese Blume drei Tage zuvor auf seinem angestammten Platz.

Ein junger Mönch, der nach dem ausschweifenden Leben seiner dranghaften Jugendzeit Ruhe und Erleuchtung in der Stille und Abgeschiedenheit des Klosters zu finden hoffte, erblickte die Lilie eines Morgens auf seinem Platz. In seiner Verzweiflung legte er die Blüte auf den Stuhl eines alten, ergrauten Mitbruders, in der Hoffnung, somit das Schicksal von sich auf diesen abwenden zu können. Der alte Mönch erlitt einen großen Schrecken, als er die Blume auf seinem Platz vorfand, daß ihm daraufhin die Sinne schwanden und er zur Ruhe in sein Bett gebracht werden mußte, wo er einige Tage elend lag. Der junge Mönch jedoch verstarb am dritten Tage nach diesem Vorfall. Die Blume verschwand darauf. Es ist aber nicht klar, ob sie nun ihren Zweck endgültig erfüllt hatte oder ob der Prior sie, der Ruhe wegen, irgendwo sicher aufbewahrte.

Die Abtei zu Corvey scheint für solche Phänomene ein bevorzugter Ort zu sein, denn bei einer weiteren Gelegenheit tritt hier noch eine Erscheinung auf.

Bei der Prozession am St. Vitustag steigen die Bildnisse der Äbte, die auf dem Flur ausgestellt sind, aus ihren Rahmen und werden für einige Minuten wieder lebendig. Man sagt, sie schauen, ob wieder ein von Benediktinern begleiteter Abt das heiligste Relikt der Abtei trägt. Wenn sie dann aber sehen, daß dies nicht so ist, kehren sie wieder in tiefer Trauer an ihre Plätze zurück, bis zum folgenden Jahr.

Kreuze im Corveyer Land

An vielen Orten des Corveyer Landes findet man Kreuze aus Holz oder Stein aufgestellt, teils an alten Kreuzwegen, die ursprünglich heidnischer Verehrung der Götter dienten. An diesen Orten wurden, auch noch Jahrhunderte nach Einführung des christlichen Glaubens, Opfergaben aus den unterschiedlichsten Motiven dargebracht. Dieser Brauch wurde zwar von der Kirche bereits im Jahre 452 verboten, aber er hat sich im Volksglauben noch lange weiter erhalten.

Den Kreuzwegen wurde deshalb auch in späterer Zeit immer Übles, Unheilvolles nachgesagt, damit die Bevölkerung schließlich diese Stellen mied. Bedenkt man, daß der Höllenzwang an Kreuzwegen vorzugsweise stattfinden soll und auch den Hexen die Versammlung an Kreuzwegen nachgesagt wurde, bleibt es gar nicht aus, daß diese Stellen von Beginn der Dunkelheit an gescheut wurden.

Huckauf

Kreuzwege spielen deshalb auch eine große Rolle bei dem sogenannten „Huckauf“, dem man hier an vielen Stellen begegnet – und der aus der Erzählung heraus eine gewisse Ähnlichkeit mit dem Aachener „Bahkauv“ aufweist. Dieser „Huckauf“ springt dem Nichtsahnenden von hinten auf den Rücken und läßt sich durch nichts abschütteln – bis zum nächsten Kreuzweg. Man erzählt sich, daß einige der Opfer es nicht schafften, dieses Untier abzuschütteln und zu Tode kamen. Ihre Seelen sollen dort auch heute noch keine Ruhe finden.

Armsüllenholt und Milde

Es bedarf hier keiner ausführlichen Schilderung der einzelnen Standorte der Kreuze, denn aufgrund der großen Zahl sind sie im einzelnen kaum zu verfehlen. Die bekanntesten dürften jedoch in der Gegend „Armsüllenholt“ (wird schon einmal mit Armeseelenholz übersetzt) und „Milde“ zu finden sein. Hier soll es auch heute noch Spukerscheinungen geben, und die Stellen werden, so heißt es, selbst von den Tieren gemieden, und es ist dort kein Laut zu hören.

Geistererscheinungen

Wundern sollte man sich auch nicht über den „schwarzen Hund“, der in manchen Gegenden immer wieder gesehen wurde. Gerade in diesem Bereich Nordrhein-Westfalens findet man immer wieder Überlieferungen über „schwarze Hunde“ oder den „schwarzen Rüden“, die vielerorts erzählt werden.

Eine weitere Häufigkeit trifft man bei den sog. „Wandergeistern“ an. Hierbei handelt es sich um Erscheinungen, die zu Lebzeiten etwas gestohlen haben, oder wie in einem Fall, einen Grenzstein verschoben haben. Die Verstorbenen finden den Erzählungen nach durch diese Taten keine Ruhe nach dem Tod und wollen ihre Verfehlungen rückgängig machen, indem sie versuchen, das Gestohlene zurückzubringen oder, wie oben, den Grenzstein wieder an den richtigen Ort zu setzen. Doch da sich die Orte und Landschaften mit der Zeit auch verändert haben, können sie ihre schwere Last nicht los werden und irren so umher, immer auf der Suche. Den Erzählungen nach sollen diese Erscheinungen Erlösung finden, wenn man ihnen den Weg weist, wo sie die Dinge hinbringen sollen oder indem man ihnen Hilfe anbietet.

Römische Tempelanlage

Bei Aachen-Kornelimünster befindet sich eine gallo-römische Tempelanlage, die aus drei Umgangstempeln besteht, sowie weiteren Gebäuden, die den Inschriften nach der keltisch-germanischen Stammesgöttin Sunucal geweiht waren oder das zentrale Stammesheiligtum der „Sunuci" darstellten.

Auskunft erteilt: *Fremdenverkehrsverband*
Corveyer Land
Corveyer Allee 21
57671 Höxter
Tel.: 05271/97 43 20
Fax: 05271/97 43 30

Detmold

Zu der Stadt Detmold im Lippe-Land gehört der Leistruper Wald, zwischen den Ortschaften Diestelbruch und Fissenknick gelegen. Dieses Waldstück bietet bei ausgedehnten Wanderungen eine Vielzahl von historischen Grab- und Opferstätten.

Heiliger Hain mit Opfersteinen

Die Opfersteine liegen in einem Teilstück des Waldes, welcher als „Alter Hain“ bezeichnet wird. Entsprechend den Aufzeichnungen des römischen Geschichtsschreibers Tacitus handelt es sich hier um einen „Heiligen Hain, in dem die Germanen ihren Göttern opferten.“

Die Steine weisen Spuren auf, die auf eine frühere Nutzung als Kult- oder Opfersteine hindeuten.

Wie jedoch an vielen anderen Kultstätten, die durch den Christianisierungszug Karls des Großen zum Ende des 8. Jh. n. Chr. teils vernichtet, teils umgeformt wurden (insofern man darunter nicht auch die Vernichtung versteht), liegt hier die Vermutung nahe, daß die eingearbeiteten Zeichen und Vertiefungen verändert wurden. Bei einigen der Steine sind die eingemeißelten Näpfchen, die ja einem bestimmten Ritual dienten, noch sehr deutlich zu erkennen, bei anderen lassen sich diese Einbuchtungen nur noch schemenhaft wahrnehmen.

Die Anhäufung zweier verschiedener Gruppen Opfersteine liegen ca. 450 m Luftlinie voneinander entfernt, dazwischen liegt ein frühzeitlicher Grabhügel, der allerdings von Grabräubern zerstört wurde, die sich wohl Reichtümer im Inneren des Hügels versprochen hatten. Bedenkt man jedoch, daß diese Grabhügelanlagen meist in der jüngeren Bronzezeit angelegt wurden und die Grabbeigaben meist aus Waffen, Tongefäßen und Speisen für den Weg in das Jenseits bestanden, dürfte wohl schnell klar werden, daß es sich hier nicht um materiell wertvolle Funde handelt, sondern daß der wissenschaftliche Wert durch die Entfernung und Ausplünderung von historischen Stätten zerstört wird und somit auch die Möglichkeit auf eine Rekonstruktion der Anlage und genauere Befunde.

Die Opfersteine und das Hügelgrab sind frei zugänglich und über einen Rundwanderweg zu erreichen. Der Rundwanderweg führt Sie auch noch an verschiedenen anderen interessanten Steinsetzungen vorbei, aber an manchen eben auch nur vorbei! Es handelt sich hierbei um die Reste von lockeren Steinreihungen, die zum größten Teil in dichten Schonungen liegen, und somit ist der Zugang dorthin unmöglich. Begnügen Sie sich bitte damit, vielleicht nur einen kleinen Blick auf einen entfernt stehenden Stein werfen zu können und bewegen Sie sich auf den dafür vorgesehenen Wegen des Waldes, um nistende Tiere und geschützte Pflanzen nicht zu gefährden!

In näherer Umgebung findet man dann über den Rundwanderweg auch noch eine geschlossene, hufeisenförmige Steinsetzung. Die Steinreihungen verlaufen parallel zueinander und treffen an ihrem Ende auf die hufeisenförmige Steinsetzung, die im Zentrum der gesamten Grab-Opferanlage liegt. Alles weist hier auf eine großflächige

Kultanlage hin, die im ehemals verehrten „Heiligen Hain" gelegen hat.

Geistererscheinungen

So scheint es kaum vermeidbar, daß, wie andernorts auch, dieser Ort vorzeitlicher Götterverehrung nach der Christianisierung zu einem Hort „böser Geister" wurde. Dort, wo sich heute die Kläranlage befindet, befanden sich bis zu deren Bau zwei Teiche, und in dunklen Nächten waren hier verschiedene Erscheinungen in der Form eines schwarzen Hundes, eines Mannes oder eines Schimmelpferdes mit Reiter ohne Kopf und sogar eines Werwolfes zu sehen. Irrlichter wurden in dieser Gegend häufig gesehen. Mit dem Bau der Kläranlage verschwanden diese aber. Wer will es ihnen verdenken ...

Auskunft erteilt: *Heimat- und Verkehrsverein Diestelbruch e. V.*
Leistruper-Wald-Straße 2
32760 Detmold
Tel.: 05231/54 66

oder *Stadt Detmold*
32754 Detmold
Tel.: 05231/97 74 48
Fax: 05231/97 74 47

Düsseldorf

Düsseldorf, die Landeshauptstadt Nordrhein-Westfalens, hat nicht nur durch die dort angesiedelten Verwaltungen einen wichtigen Platz errungen. Düsseldorf ist auch ein Begriff für Kunst und Kultur, für den bedeutenden internationalen Handel und Finanzgeschäfte, für den Karneval und das „Altbier“, das unter anderem an der längsten Theke Europas ausgeschenkt wird. Mode und Kongresse spielen in Düsseldorf eine nicht unerhebliche Rolle.

St. Lambertuskirche

Diese Kirche wurde im Jahr 1206 erstmals urkundlich erwähnt und zur Hofkirche der Herzöge und Grafen von Berg ernannt, nachdem diese Düsseldorf 1380 zur Residenz erhoben hatten.

In der St. Lambertuskirche werden seitdem Reliquien der Heiligen Lucia aufbewahrt, wodurch aus dieser Kirche eine wichtige Wallfahrtsstätte wurde. Neben der Funktion als Hofkirche diente sie, dem damaligen Brauch durchaus entsprechend, gleichzeitig als Grabstätte der Angehörigen des Adelsgeschlechts. Im Jahr 1819 wurden die Überreste der Jacobe von Baden (1558–1597) in die Fürstengruft umgebettet.

Weiterhin finden wir in der St. Lambertuskirche noch das Bildnis der

„Heiligen Kümmernis“ oder „Wilgefortis“

Auf dem Bild, welches über dem Südportal angebracht ist, sieht man eine gekreuzigte Frauengestalt mit Bart. Der Ursprung der Legende geht wohl in die Zeit zurück, als die Bevölkerung nach und nach vom „heidnischen“ Glauben zum Christentum konvertierte. Bei der dargestellten Frau soll es sich um eine Prinzessin handeln, deren Familie zum christlichen Glauben übergetreten war. Mit diesem Übertritt hatte die Prinzessin ein Gelübde der ewigen Keuschheit abgelegt. Kurz darauf sollte sie nun verheiratet werden. In ihrer Not bat sie Gott darum, ihr Gesicht zu entstellen, so daß kein Mann mehr Interesse an Ihr hätte, ja sie sogar abstoßend finden würde. Ihr Flehen und Bitten wirkte in der Gestalt, daß ihr ein Bart wuchs. Ihr Vater erklärte dies alles als Hexenwerk und Zauberei und ließ sie kreuzigen, um ihre Seele zu retten.

Jacobe von Baden

Jacobe von Baden residierte zu Lebzeiten im alten Schloß am Burgplatz. Mit 26 Jahren hatte sie einer politischen Verbindung ihres Hauses mit dem Jungherzog Johann Wilhelm durch Heirat zugestimmt. Johann Wilhelm litt bereits zu dieser Zeit an einer schweren Geisteskrankheit, und Jacobe war ihrerseits bestrebt, ihre eigenen politischen Ziele durchzusetzen. Jede einflußreiche Partei aus Adel und Klerus wollte nunmehr die eigene Einflußnahme verstärken, und so geriet die junge Frau in höfisches Intrigenspiel. Höhepunkt des Ränkespiels war schließlich eine Anklage gegen Jacobe wegen eines nicht nachweisbaren Ehebruchs. Aus diesem Grund nahm man sie in ihrem eigenen Haus gefangen, und anschließend bewohnte sie einige Zimmer im zweiten Stockwerk des Residenzschlosses. Am Morgen des 3.8.1597 fand man sie in einem dieser Zimmer ermordet auf. Mit 39 Jahren wurde sie somit wohl Opfer der Staatsraison, die anscheinend in dem Meuchelmord die einzige Lösungmöglichkeit sah.

Jacobe wurde ohne den üblichen Prunk und Pomp einer herrschaftlichen Beerdigung in der Kreuzherrenkirche beigesetzt. Von dieser Zeit an erzählte man von einer „Weißen Frau“, die um Mitternacht im Schloß spuke. Sie sei in Weiß gekleidet und verschleiert, dazu trage sie ein rotes Band um den Hals. Manchesmal erscheine sie auch im blutverschmierten Kleid, den Kopf unter dem Arm tragend.

Heinrich Heine bedachte sie noch mit einem Satz in seinem Buch „Le Grand“, indem es über den Schloßplatz heißt: „... liegt das alte, verwüstete Schloß, worin es spukt und nachts eine schwarzseidene Dame ohne Kopf mit langer, rauschender Schleppe herumwandelte ...“.

Aufgehört habe diese Erscheinung erst, nachdem Jacobe von Baden im Jahr 1819 nach St. Lambertus umgebettet worden ist.

Das Schloß wurde vor geraumer Zeit abgerissen, nur der Schloßturm ist auf dem Burgplatz erhalten geblieben.

Hexenprozesse in Düsseldorf

In den Jahren 1737 und 1738 blieb auch Düsseldorf nicht von Hexenprozessen verschont. Die beiden Frauen Agnes Olmans und Helene M. Curtens aus dem Ortsteil Gerresheim wurden der Zauberei und Hexerei angeklagt. Das Düsseldorfer Hofgericht erklärte beide für schuldig und ließ sie am 19.8.1738 auf dem Gerichtsplatz außerhalb von Gerresheim verbrennen.

Ecke Dreherstraße/Schönaustraße steht der Gedenkstein „Hexenprozeß“. Dieser wurde 1989 auf Initiative des „Arbeitskreis Gedenkstein Hexenprozeß“ aufgestellt und „allen Gequälten und Ausgestoßenen“ gewidmet.

Friedrich Spee von Langenheim

Weiterhin hat die Stadt Düsseldorf noch einen berühmten Sohn aufzuweisen, der im Ortsteil Kaiserswerth im

Jahr 1591 geboren wurde: Friedrich Spee von Langenheim, bekannt als Friedrich von Spee. Diesen Namen findet man im Westfalenland häufiger wieder, wo er lange Zeit seines Lebens als Geistlicher angeklagte Hexen bei den Prozessen betreut hat. Dies führte auch dazu, daß er sein juristisches Werk „Cautio Criminalis“ – eine Anklageschrift gegen die Prozeßführung bei der Hexenverfolgung – schrieb.

Nicht unmittelbar in der Innenstadt von Düsseldorf, aber auf einer nahegelegenen Anhöhe im Aaper Wald, liegen in der Nähe des Wilhelm-Suter-Weges die

„Witte Wiewerkes“ (auch „Weise Frauen“, „Frauensteine“ oder „Siebenstein“)

Es handelt sich hierbei um eine Ansammlung zwei bis drei Meter hoher Steine, die mit Zeichen und Symbolen versehen sind. Eine Deutung der aufgebrachten Zeichen konnte bisher noch nicht erbracht werden.

Ihre Entstehunsgeschichte ist unklar, jedoch ist durch Volksüberlieferung eine Legende erhalten geblieben, nach der es sich hier um einen keltischen Kultplatz handelte.

Keltische Priesterinnen (und Druiden) haben demnach hier Opferrituale abgehalten. Weiterhin soll hier ein Orakel- und Weissagungsplatz gewesen sein. Ebenfalls wird angenommen, daß die Steine eine rituelle Bedeutung bei „Zauberhandlungen“ gehabt haben.

Auskunft erteilt: *Stadtverwaltung Düsseldorf*
40200 Düsseldorf
Tel.: 0211/89-0
Fax: 0211/89-2 91 63

Die „Witte Wiewerkes“

Hopsten

Stellen Sie sich bitte einmal vor, Sie hätten vor ungefähr zweitausendfünfhundert Jahren in einer Landschaft in Westfalen gelebt, die eine Hochburg der Verehrung der alten Götter war. Einer Landschaft mit herrlichen Wäldern, Bergen und Mooren. Sie stehen auf einer Bergkuppe und blicken hin zu der Ebene, die sich heute zwischen Ibbenbüren und Hopsten erstreckt. Und mit einem gewaltigen Dröhnen und einer Erschütterung, die einem Erdbeben gleicht, bricht der Boden dort ein, wohin Sie gerade sehen. Die Erde scheint sich aufzutun, und mit Getöse und gurgelnden, fauchenden Geräuschen steigt Wasser empor, bis es diese riesige Fläche mit einem See bedeckt. Wer möchte da nicht ehrfurchtsvoll zu Boden sinken und an ein Zeichen der Götter denken?

Heiliges Meer

So oder ähnlich kann es den Menschen, die dort lebten, in der Zeit um ca. 400 v. Chr. ergangen sein, die die Entstehung des „Heiligen Meeres“ erlebten. Das „Heilige Meer“ ist einer der größten Binnenseen in Nordrhein-Westfalen, mit einer Fläche von ungefähr 18 ha und einer Tiefe von ca. 13 Metern. Nicht weit davon entfernt liegt das „Kleine heilige Meer“, das nur einen Bruchteil dieser Wasserfläche aufweist, aber auf die gleiche Art und Weise

Das „Heilige Meer“

entstanden ist. Im Jahr 1913 bildete sich hier unmittelbar neben dem „Heiligen Meer“ noch ein dritter See.

Doch warum heißt das „Heilige Meer“ so? Sicherlich mag man hier an eine alte Überlieferung der frühen Bewohner dieses Gebietes denken, die das beeindruckende Naturschauspiel erleben konnten und dadurch in der Verehrung der Naturgottheiten bestärkt wurden. Der See wurde durch Gottgewalt geschaffen und war somit heilig.

Überliefert ist jedoch eine andere Sage, welche die Namensgebung erklärt. Diese Erzählung spielt allerdings in der Zeit des Mittelalters, da hier die Rede ist von Rittern, die aus Kreuzzügen zurückkehrten, sowie von Mönchen und geraubten Mädchen. Da das Westfalenland in bestimmten Gebieten erst in der Zeit der Sachsenkreuzzüge Karls des Großen christianisiert wurde, kann man als Zeitraum um die erste Jahrtausendwende nach Christus als Ursprung dieser Legende annehmen.

Hier wird also erzählt von einem Kloster, welches ehemals auf der Ebene stand, in der sich heute das „Heilige Meer“ erstreckt. Die Ordensbrüder dieses Klosters sollen sich jedoch von den kirchlichen Regeln mit der Zeit immer weiter entfernt haben und raubten selbst – oder ließen es zumindest zu – die Tochter eines benachbarten Gutsherren und sperrten sie in den Klosterräumen ein. Ein Ritter, der wegen eines Unwetters bei den Ordensbrüdern Unterkunft erbeten hatte, erfuhr von der Gefangenen, befreite sie und floh mit ihr zur Nacht aus dem Kloster. Als sie in sicherer Entfernung waren, brach das Unwetter erst richtig los, der Blitz schlug in den Turm der Kapelle ein und zerstörte sie. Ein zweiter Blitz fuhr in den Boden, und das folgende Donnern riß den Boden auf und darauf versanken alle und alles unter schrecklichem Getöse und Geschrei in den aufsteigenden Fluten. Zuweilen soll man heute noch, gerade vor Feiertagen, hören, wie am Grunde des Sees die Glocken der Kapelle läuten, und auch der Bittgesang der ertrunkenen Mönche, die keine Ruhe finden können, soll sich vernehmen lassen.

Hexengrab

Spukgeschichten findet man reichlich in und um Hopsten. So gibt es die Erzählungen über eine vergrabene Hexe, welche am Devesberg, im Grenzbereich an der „alten Hauptstraße“ nach Schapen, liegen soll. Die Überlieferung entspricht in der Art den Prozeßakten mancher Hexenanklage, denn hier bekundete ein Beklagter, wie die Hexen zu ihren Orgien ausfahren und – wie es weiterhin geschah –, daß eine der Hexen nun dort begraben liegt. Den Hexen wurde nachgesagt, sie würden ihre körperliche Gestalt verlassen und in der Form eines Tieres zum Hexentanzplatz ausfahren. Nur könne die Hexe nicht mehr in ihren Körper zurückkehren, wenn dieser verlagert worden ist, und so versucht sie dann wieder in ihren Körper zu gelangen und muß elend vergehen, wenn sie von dem ersten Morgenlicht getroffen wird. Eine auf diese Weise verstorbene Hexe soll am Devesberg beerdigt sein. An der Stelle, wo ihre Überreste verscharrt wurden, ist der Überlieferung nach den Menschen in der Gegend früher ständig irgendein Unheil geschehen, und man mied ängstlich diesen Platz.

Der schwarze Rüde

Auch der Heideweiher, ein See mit einer Halbinsel, zwischen Hopsten und Hörstel gelegen, trägt seinen Beinamen „de swatte Rü'en" nach einer Spukgestalt, die dort ihr Unwesen treibt. Der See erhielt den Namen „ Der schwarze Rüde" nach dem treuen Hund eines Jagdaufsehers, der bei dem Versuch, einen lange gesuchten Wilddieb zu fangen, dort im Moor versank und starb. Doch nicht des Försters Seele findet keine Ruhe, sondern die des Hundes, der heute noch bei stürmischem Wetter um den Weiher läuft, um seinen Herrn wiederzufinden.

Die weiße Frau von Lechting

Eine weitere Spukgestalt findet sich in Leeden. Eine Liegenschaft in der Ortschaft Leeden heißt „Lechting", und dort soll eine weiße Frau umgehen. Eine Überlieferung erzählt, daß es sich hier um eine arme Frau handelte, die einen Ballen Linnen von der Bleiche gestohlen hatte und nun, da ihre Seele wegen dieser Tat nicht ruhen könne, versucht, das Leinen zurückzubringen. Doch die Bleichhütte wurde vor langer Zeit abgerissen, und so irrt sie durch die Gegend. Die letzte Sichtung des Spukes war allerdings im vorigen Jahrhundert, neueres ist nicht bekannt.

Der Pfarrer von Hopsten

Doch nicht nur Hexen, Hunde und arme Weiber werden zu Spukgestalten, sogar ein Pfarrer muß dieses Los teilen. Man erzählt sich, daß ein katholischer Pfarrer zu Hopsten heimlich seine Haushälterin geehelicht habe (oder zumindest, wie wir heute sagen würden, in wilder Ehe mit ihr lebte). Da er damit dem Zölibat und den Grundregeln der katholischen Kirche zuwider lebte, fand seine Seele nach dem Tod keine Ruhe. Doch schien er in seiner Unsterblichkeit den Menschen, die er vorher als Seelsorger gut betreute, in seiner neuen Gestalt nur noch Schrecken und Unheil antun zu wollen. Vielfach in Tiergestalt, des öfteren als graues Kalb, trieb er sein Unwesen. Und auch heute noch werden Vorgänge, die bei der Ernte geschehen, dieser Spukgestalt zugeschrieben.

Auskunft erteilt: *Gemeinde Hopsten*
Bunte Straße 35
48496 Hopsten
Tel.: 05458/792-0
Fax: 05458/792-44

Horn

Externsteine

Fasziniert Sie Stonehenge? Dann lassen Sie sich von dieser monumentalen Felsgruppe inmitten des Teutoburger Waldes verzaubern! Nicht, daß hier ein direkter Vergleich zwischen den beiden Kultplätzen stattfinden soll, dies ist nicht beabsichtigt. Vielmehr soll hier hingewiesen werden auf die Einzigartigkeit der noch erhaltenen, jahrtausendealten Kultstätte.

Wie auch bei den bekannten Vorbildern im Ausland, so stellt sich auch in Deutschland das Problem mit der Spekulation über die Art und Weise der Nutzung ein. War es ein ehemaliges heidnisches Heiligtum, handelte es sich hier um eine frühzeitliche „Sternwarte“ zur Beobachtung der Gestirne? Kann es eventuell nur eine einfache Wohnhöhle oder ein Lagerplatz gewesen sein? Fragen über Fragen. Und ohne einen Widerspruch darin zu erwecken, sind die Externsteine scheinbar zu all dem in den unterschiedlichen Epochen benutzt worden.

Hier trifft man dann auch direkt auf eine der Hauptschwierigkeiten bei der Untersuchung dieser seit Jahrtausenden genutzten Anlage: gemeint ist die natürliche oder mechanische Zerstörung. Durch die ständige Benutzung der Felsanlage wurden die Spuren der früheren Jahrhunderte mit der Zeit vernichtet, und dies zog sich durch die Zeit so fort. Durch Kriege und auch durch die anfänglichen Grabungen von Hobbyarchäologen (dies liegt aber annähernd 200 Jahre zurück) sowie die Untersuchungen der Anlage durch das NS-Regime, welches diese Anlage für Propagandazwecke nutzen wollte, wurde manches eher zerstört als erhalten. Die Ergebnisse der Untersuchungen und Grabungen gingen zum Großteil verloren, so daß heute fast nur noch die Möglichkeit zur Spekulation bleibt.

Es ist gesichert nachgewiesen, daß die Externsteine bereits seit Ende der Eiszeit von Rentierjägern benutzt wurden. Grabungsfunde, die dies belegen, stammen aus der Zeit um ca. 10.000 vor unserer Zeitrechnung. Weiterhin finden sich auch Jagd- und Gebrauchsgegenstände aus der Mittelsteinzeit; jedoch wurden bei Grabungen bisher keinerlei Funde aus der Bronze- und Eisenzeit gemeldet. Nach dieser „Lücke" zwischen 4.000 v. und ca. 500 n. Chr. finden sich dann vereinzelt wieder Stücke und Berichte, die eine Nutzung bis in das 14. Jahrhundert hinein bezeugen.

Die Externsteine gehören auch zu den Stätten in Nordrhein-Westfalen, bei denen der frühere Standort der Irminsul angenommen wurde. So wurden denn alle überlieferten Quellen des Sachsenfeldzuges Karls des Großen überprüft, und man kam schließlich zu der Annahme, daß es sich rein durch die dort geschilderten örtlichen Verhältnisse bei den Externsteinen nicht um den Sitz des Stammesheiligtumes handeln könne.

In die Felsen wurden im Laufe der ersten nachchristlichen Jahrhunderte eine Vielzahl von Räumen und Treppen eingearbeitet oder aus den bestehenden räumlichen Gegebenheiten ausgebaut. Auf dem Vorgelände fand

Die Externsteine

man einen Schacht, der im Wechsel mit Humusboden und Holzkohleschichten aufgefüllt war. Es ist durchaus möglich, daß es sich bei diesem Schacht um einen rituellen Opferschacht handelte, wie er in den süddeutschen Gegenden häufiger zu finden ist.

Im unteren Bereich des Hauptfelsens liegt ein großes Netz aus einzelnen und sich verbindenden Grotten. Davor befinden sich die Überreste eines „Steintisches", der, für den Fall, daß man hier rituelle Opferungen annimmt, als Altarplatte gedient haben dürfte. Einen weiteren Hinweis auf die ursprünglich kultische Nutzung dieser Anlage mag geben, daß spätestens mit Beginn des ersten nachchristlichen Jahrtausends das klerikale Leben hier Einzug hielt. Die einzelnen Grotten wurden seitdem bis in das 14. Jahrhundert hinein als Zellen für die Klosterbrüder und andere Räume als Sakristei und Kapellenraum benutzt.

Weiterhin fanden sich hier noch Spuren eines Baumsarges, dessen genaue Datierung aber nicht mehr erfolgen konnte, sowie weitere Bestattungen, unter anderem im Grabfelsen, der ein sogenanntes Trogbogengrab enthält. An der rückwärtigen Seite des Trogbogengrabes finden sich auch noch die Überreste einer Treppe, die vor einigen Jahrhunderten einen Umgang des Felsens ermöglichte. Diese Form des Umganges erinnert an die altrömischen Umgangstempel des Rheinlandes, bei denen das Heiligtum in der Mitte durch den Umgangsbereich eingesehen werden konnte. Der mittlere Tempelbezirk war nur den Priesterinnen und Priestern des Kultes vorbehalten. Leider existieren auch keine bekannten Aufzeichnungen darüber, welcher hochgestellten Persönlichkeit diese Grabstelle zugekommen ist.

In der Zeit um den Beginn des 12. Jahrhunderts wurde auf einer Felswand das sog. „Kreuzabnahmerelief" angebracht. Interessant an der Darstellung der Kreuzabnahme Christi ist, daß Nikodemus anstatt der üblicherweise verwendeten Leiter hier einen stilisierten Baum benutzt, der sich zu seinen Füßen biegt. Betrachtet man die Form des Baumes etwas eingehender, so stellt man fest, daß dieser der Form der „Yggdrasil" – der Irminsul – entspricht, so wie man sie sich nach den alten Überlieferungen vorstellen darf. Ob diese Art der Darstellung nun tatsächlich Hinweis darauf geben kann oder soll, daß hier der frühere Standort einer Irminsul gewesen sei, oder ob der Künstler, der dieses Werk erschaffen hat, dies als stilistische Darstellungsweise der Bezwingung des Heidentums durch den christlichen Glauben zum Ausdruck bringen wollte, darüber ist leider nichts überliefert.

Wer sich für Runen interessiert, wird sich freuen, einige „Forschungsobjekte“ an der Wand in der „Sakristei“ erblicken zu können. Hier sind Ritzungen an der Wand angebracht, die Runenzeichen darstellen sollen. Aus welcher Zeit diese stammen, ist allerdings bisher noch nicht bekannt. Für den Runenkundigen könnte sich hier aber noch ein interessantes Betätigungsfeld ergeben.

Zu guter Letzt führt der Rundgang durch die Gewölbe der Externsteine ganz nach oben in die „Obere Kapelle“. Es wird vermutet, daß dieser Bereich der Externsteine bereits vor eintausend- bis zweitausend Jahren zur Gestirnsbeobachtung diente. Hier wurde ein rundförmiges Fenster mit der Ausrichtung nach Nordosten eingefügt, durch das zur Sommersonnenwende zu einer bestimmten Tageszeit die Sonnenstrahlen eingefallen sind.

Viel zu wenig ist bekannt über diese wundervolle Anlage, doch sehr viel wurde in den letzten Jahrhunderten zerstört, einiges auch während der Versuche, den Mythos „Externsteine“ zu enträtseln. Dies gestaltet weitere Versuche archäologischer Untersuchungen auch so schwierig, beinahe unmöglich.

Aus diesem, sehr wohl verständlichen Grunde, bittet deshalb der Landesverband Lippe auch darum „zu helfen, gedankenlose oder gar mutwillige Beschädigungen an den Felsen und ihrer Umgebung zu vermeiden und die Würde der Stätte zu wahren.“

Auskunft erteilt: *Wirtschaftsförderung und*
Marketing für Lippe GmbH
Bachstraße 45
32756 Detmold
Tel.: 05231/96 78 30

Hörstel

Inmitten des Münsterlandes, an den Ausläufern des Teutoburger Waldes im Tecklenburgischen Land gelegen – ein Satz, der besser die Lage und Ausprägung dieser herrlichen Gegend gar nicht beschreiben könnte.

Sowohl die Einflüsse des Münsterlandes als auch des Teutoburger Waldes und des Tecklenburgischen Landes findet man hier. Es ist die Kombination von herzlicher Gastlichkeit mit wundervoller, abwechslungsreicher Landschaft.

Die Ortsteile der Stadt Hörstel haben ihre erste urkundliche Erwähnung teils schon zum Ende des letzten Jahrtausends, wahrscheinlich hat es eine Besiedlung jedoch schon zu früheren Zeiten gegeben.

Kaiserei und Doktors Loch

Einen Hinweis auf die bereits frühere Besiedlung scheint sich auch in der „Kaiserei“ zu befinden, einem Quertal im nordwestlichen Teil des Teutoburger Waldes. In diesem Tal liegt ebenfalls das sog. „Doktors Loch“, dessen frühere Nutzung und der Hintergrund seines Namens heute nur durch Vermutungen getragen wird.

Betrachtet man den auch in anderen Teilen des Landes zu bestimmten Zeiten ausgeübten Fels- und Höhlenkult, dann wird dort eine Nutzung als Kulthöhle stattgefunden

„Doktors Loch“

haben. Zumal die Grotte aller Wahrscheinlichkeit nach von Menschenhand angefertigt, zumindest aber ausgeformt wurde. Die Höhle wurde mit 2,7 m Breite, 3 m Tiefe und 2,6 m Höhe fast kubisch angelegt. Direkt daneben befindet sich ein tief in den Felsen hineinführender Kriechgang. Im II. Weltkrieg diente das „Doktor's Loch“ den Menschen der umliegenden Dörfer als „natürlicher Bunker“ bei Bombenangriffen. Um jedoch in dieser Höhle im Notfall nicht eingeschlossen zu sein, begann man einen weiteren Ausgang in den Felsen hineinzutreiben. Diesen Fortsatz der Höhle finden wir an der linken Seite der Rückwand.

Durch die Nutzung der Höhle bis in dieses Jahrhundert gingen viele Hinweise auf den ursprünglichen Verwendungszweck verloren. In der Höhle wurde jedoch im vorigen Jahrhundert eine seltene Moosart entdeckt, die im Dunkeln ein phosphoreszierendes Licht abgab. Das ist sicherlich auch ein Naturphänomen, welches das Volk in früheren Zeiten, insofern das Moos dann dort bereits heimisch war, tief beeindruckte und die Gläubigkeit an die Naturgötter verstärkte. Somit ist es sehr wahrscheinlich, daß, wie bereits zuvor erwähnt, hier eine kultische Verehrung einer oder mehrerer Naturgottheiten stattgefunden hat.

Reinheldis

Weiterhin interessant ist noch die Legende der Heiligen Reinheldis.

Genauer Zeitraum des Lebens und Sterbens der Reinheldis ist nicht bekannt, jedoch wird es schätzungsweise in das 13. Jh. verlegt. Die ersten schriftlichen Aufzeichnungen der Legende liegen jedoch erst seit dem 17. Jh. vor.

Die Sage handelt von dem Bauernmädchen Reinheldis (in anderer Form auch Reinhildis, Raginhildis, [Sünte] Rendel oder Grelle). In verschiedenen Versionen wird die Leidensgeschichte des Mädchens, das später von der katholischen Kirche heilig gesprochen werden sollte, erzählt. Inhaltlich bleiben die Geschichten jedoch in den Grundzügen gleich.

Die junge Reinhildis lebte mit der Mutter und dem Stiefvater (sowie Geschwistern) auf einem Bauernhof nahe Riesenbeck. Das Mädchen war stренggläubig christlich und versuchte viel freie Zeit zu erhalten, um den Worten des ortsansässigen Pastors zu lauschen. Die Eltern waren nicht so streng gläubig wie ihre Tochter und dachten, diese würde ihre Arbeiten vernachlässigen. Sie erhielt immer weitere und schwerere Aufgaben zu erledigen, damit sie ihre Zeit mehr mit Arbeiten als mit Beten verbringen sollte. Doch durch „Gottes Hilfe“ konnte sie alles schnell erledigen, denn auch die Tiere halfen ihr bei der

Bewältigung ihrer Arbeiten, und darauf hatte sie freie Zeit für ihre Kirchgänge. Den Eltern schien dies mit der Zeit ein rechter Dorn im Auge zu sein.

Und nun gehen die einzelnen Fassungen der Sagen auseinander:

In der einen Fassung läßt der Bruder sie von den Knechten töten, während er selbst in dieser Zeit auf dem Weg nach Osnabrück ist. In einer anderen Erzählung ist der Stiefvater auf dem Wege nach Osnabrück, um dort Geschäftliches zu erledigen, und währenddessen wird die junge Frau von ihrer eigenen Mutter in den Brunnen zu Tode gestürzt. Eine Erzählung weiß davon zu berichten, daß der Stiefvater zeitgleich auf seinem Heimweg verunglückt.

Inhaltlich kommen die Erzählungen dann allerdings wieder recht nahe zusammen. Nämlich in dem Punkte, daß Reinheldis dreimal aus ihrem Grab wieder aufersteht. In der Version, in der sie durch ihre Mutter zu Tode kommt, sitzt sie, ihr Haar flechtend, wieder oben auf dem Brunnenrand. Die Mutter verfällt daraufhin in Panik und erwürgt Reinhildis schließlich im Keller des Hauses.

Ihr Leichnam wird in den meisten Fassungen auf ein von Ochsen oder Füllen gezogenes Gespann gelegt, welches sie an den Ort ihrer Beerdigung bringen soll. Einer Erzählung nach wurde der Karren durch Gottes Hand weitergelenkt, weil ihr Leichnam, neben dem ihres Stiefvaters beerdigt, nicht zur Ruhe kommen wollte. So wurde ihr lebloser Körper von dem Gespann bis nach Riesenbeck gezogen, wo sie schließlich beerdigt wurde und man ihr eine Grabplatte mit Inschrift als Denkmal widmete.

Wen erinnert die Geschichte nicht an eines der Märchen von den Gebrüdern Grimm? Dies ist nicht verwunderlich, denn diese waren häufig in dieser Gegend zu Gast. Hier sammelten sie fleißig, was an alten Geschichten im Volk überliefert war. Jakob Grimm hat somit auch viele Informationen zusammengetragen und der Nachwelt erhalten, die die Zusammenhänge zwischen deutscher Märchen- und Sagenwelt und den in Deutschland verehrten Göttern und weisen Frauen und Männern verdeutlichen. Wundern wir uns also nicht, wenn wir in der Reinhildis die Frau Hulda oder, wie wir sie kennen, „Frau Holle“ wiederfinden, bei der der Brunnen auch nicht eine unerhebliche Rolle spielte.

Ist da nicht auch die Geschichte des Aschenputtel, das durch „fremde Hilfe“ noch so schwere und langwierige Arbeiten in kurzer Zeit erledigte?

Macht man sich noch einmal bewußt, daß viele der christlichen Riten auf früheren heidnischen beruhen und im Laufe der Jahrhunderte umgedeutet wurden, so darf es auch nicht verwundern, wenn wir früher verehrte (heidnische) Gestalten in den christlichen Heiligensagen wiederfinden.

Auskunft erteilt:	*Verkehrsverein Hörstel e. V.* *Rathaus Hörstel* *Tiefer Weg 5* *48477 Hörstel* *Tel.: 05454/89-0* *Fax: 05454/89-102*
oder	*Tourist-Information* *der Stadt Hörstel* *Kalixtusstraße 6* *48477 Hörstel (Riesenbeck)* *Tel: 05454/911-121* *Fax: 05454/911-102*

Hünxe

Nicht nur in der Gemeinde am Niederrhein, sondern vielerorts in der Nähe von Dinslaken finden sich Steine, die nicht in diese Gegend zu passen scheinen, die scheinbar ohne göttliche oder teuflische Hilfe nicht dorthin gekommen sein können.

Die Teufelssteine

Nicht ganz leicht zu finden sind sie ja, aber die Steine sind interessant, und es verbinden sich mit ihnen alte Geschichten, die den Aufwand der Sucherei schon etwas rechtfertigen.

An der Straße zwischen Dinslaken und Kirchhellen befindet sich, von Dinslaken aus kommend auf der linken Seite, der Hünxer Wald. Von dem Parkplatz „Am Härbaum" muß man dann noch ein Stück weit in den Wald hineingehen, wobei es ratsam wäre, sich für diesen Teilbereich eine Wanderkarte anzuschaffen.

Es handelt sich bei den Teufelssteinen um fast ungewöhnliche solitär liegende Felsen von erstaunlicher Größe. Aufgrund des weichen Bodens sind die schweren Kolosse im Laufe der letzten Jahrtausende zu einem großen Teil im Boden versunken. Die Steine sind verschiedentlich von Röhren durchzogen, die von der Wissenschaft auf der einen Seite als frühere Wurzelröhren (also Kanä-

Die Teufelssteine

le, durch die Bäume ihre Wurzeln im Gestein getrieben haben) gedeutet wurden, andere behaupten, daß sie von Menschenhand geschaffen worden sind.

Der historischen Erzählung nach handelt es sich bei den Eindrücken und Röhren in den Steinen um die Fingerabdrücke und Krallen des Teufels. Dieser soll die Steine nämlich vor einigen Jahrhunderten hierher geschleudert haben, um so den Kirchbau in verschiedenen Orten zu sabotieren. Jedesmal verfehlte er aber sein Ziel, und so blieben die Steine hier in diesem Waldstück liegen. Allerdings wurde in den Kirchen von Hünxe (rechts neben der

Tür auf Bodenhöhe) und Drevenack (links vom Eingang in 4 bis 5 m Höhe) jeweils ein Teufelsstein in die Kirchenmauer eingearbeitet.

Weitere interessante Steine, die andernorts in diesem Buch nicht weiter aufgeführt sind, findet man in Dinslaken unmittelbar am Teich neben dem Rathaus, in der Gemeinde Weselerwald in der Nähe der Gaststätte „Zum Teufelsstein" und bei Raesfeld im Waldgebiet Lanzenhagen liegt ein Näpfchenstein, der ebenfalls den Namen Teufelsstein trägt.

Auskunft erteilt: *Gemeinde Hünxe*
Dorstener Straße 24
46563 Hünxe
Tel.: 02858/69-0
Fax: 02858/69-222

Jülich

Verheißungsvoll klingt eigentlich schon der Standort des Stadtgeschichtlichen Museums: „Am Hexenturm". Jedoch beteuert die Museumsleitung, daß die Namensgebung wahrscheinlich nicht auf die Hexen(verfolgung) zurückzuführen ist. Das mag stimmen, denn einer der bedeutendsten Männer der Geschichte der Hexenverfolgung war während der ärgsten Zeit in Jülich als Leibarzt des Regenten Wilhelm III. zu Jülich, Cleve und Berg tätig:

Dr. Johann Weyer

Jener Dr. Weyer stand jedoch nicht auf der Seite der Inquisition, sondern wagte es, sich als einer der ersten dem mächtigen „Hexenhammer" des Jacob Sprenger und Heinrich Institoris entgegenzustellen. Wäre er Jurist oder Theologe gewesen und nicht Mediziner, hätte sein Werk „Über die Blendwerke der Dämonen" durchaus dazu beitragen können, daß dieser Wahn sich nicht in solch großem Ausmaß ausgebreitet hätte.

„Die Blendwerke der Dämonen, womit der Satan die Augen der Menschen in dichte Finsternis gehüllt hat, haben einen stinkenden Schandfleck über das christliche Europa gebracht, den tollsten Irrtum der Menschen, zum häufigsten Morde Unschuldiger und zur wahrlich nicht leichten Gewissenswunde der Obrigkeiten (geführt).

Sollte meine Schrift nicht euern Beifall finden, dann will ich sie verdienterweise und schleunigst durch Widerrufe unterdrücken, überwältigt durch stärkere Beweiskraft. Sollte sie aber durch euer Urteil befestigt werden ... wird spärlicher fließen das Blut unschuldiger Menschen ...“

So kam es in diesem Herzogtum, und damit wohl in einem der wenigsten, nur in Einzelfällen zu Verurteilungen wegen Hexerei, und in den bekannten Fällen auch nur dann, wenn die Schuld beispielsweise wegen Giftmischerei o. ä. bewiesen werden konnte.

Weyer stand seinerzeit in engem Kontakt zu Agrippa von Nettesheim, dem Verfasser der „De occulta philosophia“ und „Magischen Werke“. Auch im Tecklenburgerland finden sich Spuren seines Wirkens, denn dort war er zunächst Stadtarzt in Arnheim, und seine letzten Lebensjahre verbrachte er in Tecklenburg.

Stadttore und Hexenturm

Wodurch der Hexenturm nun immer auch seinen Namen erhalten haben mag, ist fraglich. Die Benutzung des abgeriebenen Sandes der zum Bau verwendeten Sandsteine als Heilmittel hingegen ist überliefert und an den Kratzspuren deutlich zu erkennen. Die Sandsteine wurden an den Innenkanten stark abgeschliffen und Rillen wurden eingegraben.

Vielfach wurde im Mittelalter städtebaulich versucht, ein Abbild des „himmlischen Jerusalem“ zu erschaffen. Eine überaus bedeutende Rolle spielten dabei auch die Stadttore und -mauern.

Die Städte waren bestrebt, dem Volk, welches nicht die Pilgerreise nach Jerusalem antreten konnte, Wallfahrtsstätten auf heimischem Boden zu schaffen. Dies wurde

Nachbildung des Umgangtempels
im Städtischen Museum Jülich

von den Gläubigen auch bereitwillig angenommen. Da Jerusalem „heilig“ war, mußte demnach auch das Abbild über „heilbringende“ Kräfte verfügen. Und da der Mensch zudem gerne Reliquien sammelt, wurde auch ein Stück vom „Heiligtum“ als schutzbringendes Andenken in einem Amulett oder Beutelchen aufbewahrt. Die Spuren der Reliquiensammlung zeigen sich in Jülich, wie bereits oben erwähnt, an den Stadtmauern. Der Mauersand wurde hernach teils fein zermahlen und dann als medizinisches Pulver gegen alle möglichen und unmöglichen Krankheiten verkauft.

Matronenkult

„Freiluft-Kultstätten" sind derzeit im Gebiet des Jülicher Kreises (noch) nicht bekannt, das Stadtgeschichtliche Museum verfügt aber über eine hervorragende Abteilung in bezug auf vorchristliche Kultstätten und Mythologie; dort befinden sich auch Grabungsfunde aus den verschiedenen Gebieten Nordrhein-Westfalens.

Hier kann man einige Ausgrabungsstücke der „Matronenverehrung" wieder entdecken, die als Kopie an den Originalfundplätzen in Nettersheim, Pesch oder Zingsheim zu sehen sind. Weiterhin werden hier in der Ausstellung römische Statuetten und Reliefs gezeigt. Mittelpunkt ist indes ein römischer Tempelbezirk mit farbig rekonstruiertem Portal. Auch die Darstellungen verschiedener Personen aus der Mythologie geben hier einen Einblick in die einstmals prachtvolle Ausgestaltung der Tempelanlagen und heiligen Bezirke.

Auskunft erteilt: *Stadtgeschichtliches Museum*
im Kulturhaus
Am Hexenturm
Kleine Rurstraße 20
52428 Jülich
Tel.: 02461/6 32 28
Fax: 02461/6 33 54
geöffnet: Di - Sa 15.00 bis 18.00 Uhr
So 11.00 bis 18.00 Uhr
Gruppenführungen jederzeit
(nach Anmeldung!)

Kleve

Kleve als Schauplatz der Gralssage, ein Ritter der Artusrunde am Niederrhein und ein Schwan, all dem begegnet man hier auf Schritt und Tritt.

Elias/Lohengrin

„Soe wanner gy mynen geslecht off nae mynre herkompste vraight,
so suldy terstont mynre quyt werden inden sult my dan nyet meer syen.“

„So wenn Ihr je nach meinen Geschlecht oder nach meiner Herkunft fragt,
so sollt ihr zur Stunde meiner quit (mich los) werden und darauf sollt (Ihr) mich dann nicht mehr sehen.“

Der Herr, der diese Zeilen sprach, hieß Elias und soll ein Ritter aus der Artusrunde gewesen sein. Er habe der alleinstehenden Beatrix von Kleve beigestanden, als diese von vielen Freiern bedrängt wurde, einem von ihnen endlich ihr Jawort zu geben.

Elias kam als Retter, in einem Boot, von einem Schwan gezogen, über den See. Er kämpfte für sie, und dafür versprach sie ihm die Ehe. Elias verlangte aber zuvor die Ablegung des Schwures, daß sie ihn nie nach seinem Namen und seiner Herkunft fragen würde. Einige Jahre

Die Schwanenburg

hielt sie sich daran. Sie führten eine glückliche Ehe, und sie gebar ihrem Mann drei Söhne. Jedoch brachten die Söhne, zum Mannesalter herangereift, sie nun dazu, ihr Versprechen zu brechen. Sie bat ihren Gatten, im Namen ihrer Kinder, ihr doch mitzuteilen, welcher Abstammung er sei. Somit mußte Elias nun – durch höhere Macht bestimmt – seine Familie und das Land verlassen; er wurde am nächsten Morgen von dem Schwanenboot wieder abgeholt. Ihrer beiden Söhne trugen fortan weiterhin das Symbol des rätselhaften Schwans auf ihren Schildern und Wappen – jedoch dessen Geheimnis haben sie nie erfahren.

In der Gralsgeschichte wird Lohengrin ausgeschickt, der Herzogin von Brabant zur Hilfe zu kommen. Somit liegt der Ursprung der Legende in Frankreich beziehungsweise im heutigen Belgien. Erst in der Mitte des 13. Jahrhunderts erhielt die Geschichte die Verbindung zur Stadt Kleve.

Doch kann man den Klevern reinen Gewissens das Anrecht auf einen Stadtahnen aus der Gralslegende absprechen, wenn Wolfram von Eschenbach die Burg Wildenberg im Odenwald als „Gralsburg" in seine „Parzival"-Erzählung einfließen läßt? Wohl kaum!

Pfarrkirche St. Willibrord

Im Ortsteil Rindern gelegen, befindet sich die katholische Pfarrkirche St. Willibrord. Der Heilige Willibrord nutzte Rindern als wichtigen Etappenort für seine Christianisierungsmission der Friesen. Ob die erstmalige Errichtung eines christlichen Gotteshauses auf dem Standort der heutigen Kirche, die auf den Überresten einer römischen Therme aufgebaut wurde, durch seine Einflußnahme erfolgte, ist nicht bekannt. Sicher ist jedoch, daß ein römischer Weihestein für den Gott Mars heute als Altarplatte in dieser Kirche dient.

Auskunft erteilt: *Stadt Kleve*
Kavarinerstraße 20–22
47517 Kleve
Tel.: 02821/84-0
Fax: 02821/2 37 59

Köln

Begonnen hat in Köln alles vor knapp 5.000 Jahren mit den sog. „Bandkeramikern“, welche zu dieser Zeit große Teile des Rheinlandes besiedelten. Und später siedelten sich Kelten und danach Germanen hier an, deren kultische Götterverehrung stark ausgeprägt war. Durch die häufig wechselnde Besiedlung durch die verschiedenen Völker und auch durch die starke Expansion der Stadt wurden viele Hinweise auf ehemalige Kultplätze gefunden, alles konnte man aber nach Jahrhunderten und Jahrtausenden schließlich nicht mehr an diesen Stellen belassen. Vielfach erfolgte eine solche Entscheidung über die Verlegung von Grabungsfunden aber auch aus städtebaulicher Sicht.

Die Römer gelangen einige Jahrzehnte vor Christi Geburt an das Rheinufer und gründen das „Oppidum Ubiorum“ mit der „Ara Ubiorum“ als Hauptort. Etwa einhundert Jahre später wird hieraus die „Colonia Claudia Ara Agrippinensium“, die Kaiser Claudius nach seiner in Köln geborenen Frau Aggrippina benennt. Die Ansiedlung erhält hierdurch gleichzeitig römisches Stadtrecht, und dies macht sich auch in der Üppigkeit und Ausstattung der Gebäude bemerkbar. So werden Tempel und Prachtbauten errichtet, die sich an römischem Standard messen können. Ein über 90 km langes Aquädukt, welches die Stadt täglich mit frischem Quellwasser versorgt, wird mit leichtem Gefälle von der Eifel bis nach Köln hinab gebaut.

Römisch-Germanisches Museum

Die Matronen und die Stadtgötter werden verehrt. Die Pracht und Großartigkeit dieser alten Römerstadt ist heute nur noch schwerlich vorstellbar. Ein Besuch im niederrheinischen Xanten ist lohnenswert, um dort einen Einblick über die Art und Größe einer ähnlichen Siedlung zu bekommen. Doch zurück nach Köln. Vieles war aus der Geschichtsschreibung überliefert, indes die meisten alten Stätten waren im Laufe der Jahrhunderte und Jahrtausende überbaut worden. So fand man auch erst 1941 bei Grabungen in der unmittelbaren Nähe des Domes das Dionysosmosaik. Es stammt aus dem 3. nachchristlichen Jahrhundert und zählt zu den besterhaltenen Stücken seiner Art. Über diesem Mosaik wurde das Römisch-Germanische Museum errichtet, das seitdem eine beachtliche Anzahl an Exponaten erwerben konnte. So ist dort auch das Pfeilergrab des Poblicius zu besichtigen, das im nordwestlichen Gebiet des früheren römischen Imperiums fast einzigartig sein dürfte.

Mithras- und Merkurtempel

Bei Grabungsarbeiten im Untergeschoß der Tiefgarage am Dom wurden die Überreste eines alten Mithrastempels gefunden. Der Mithraskult blühte in der Zeit um das 3. Jh. n. Chr. auf und stellte zeitweise eine große Konkurrenz für das aufwärtsstrebende Christentum dar. Doch der Mithraskult hat sich aufgrund der starken Expansion des christlichen Glaubens nicht durchsetzen können, genausowenig, wie die sich ebenfalls in dieser Zeit entwickelnden Isis- und Serapiskulte. Alleine über die bereits erwähnten Matronen weiß man heute, daß ihnen eine sehr starke kultische Bedeutung zukam. Auch wurde unter dem Südquerhaus des Domes eine kleinere Tempelanlage für den Gott Merkur entdeckt.

Gräberfelder in Kölner Kirchen

Eine pompöse Bestattung in Gruften oder ähnlichem war nur den sehr wohlhabenden Mitgliedern der Stadt Colonia Aggrippina möglich, das Volk bestattete seine Toten auf Friedhöfen. Auf diesen wurde dann meist zum Angedenken eine Kapelle oder ein Tempel errichtet.

Die heutigen Kirchen St. Severin, St. Gereon und auch St. Ursula wurden auf den ehemaligen römisch-fränkischen Gräberfeldern, die teils besichtigt werden können, erbaut. Eine weitere Gräberkammer findet man in dem Ortsteil Weiden, in der Aachener Str. 1328.

Kapitoltempel

Die Kirche St. Maria im Kapitol ist aus einem Damenstift hervorgegangen, das von der Gattin Pipin des Mittleren, Plektrudis, auf dem früheren Standort des römischen Kapitoltempels errichtet worden. Innerhalb dieses Tempels wurden die Staatsgötter Jupiter, Juno und Minerva verehrt. So zeigt sich auch hier die Verfahrensweise, nach Konvertierung zum christlichen Glauben, an den Stellen der nunmehr heidnischen Götterverehrung, christliche Kirchen und Klöster zu erbauen.

Kölner Dom mit umliegenden Grabungsfunden

In den Jahren um 800 n. Chr. erhob Karl der Große das Bistum Köln zum Erzbistum. An der Stelle, wo sich heute der Dom erhebt, brannte ca. 850 n. Chr. der frühere Kirchenbau ab. Es wurde mit dem Bau des sogenannten „Alten Domes“ begonnen, der Ende September 870 geweiht wurde. Überreste der alten Kirchenanlage mit Hof und Taufkapelle aus dem 4. Jahrhundert, sind teilweise unter der Ostterrasse des Domes sichtbar. Im Jahr 1164 wurden die Reliquien der Heiligen Drei Könige in den Kölner Dom überführt, und aus diesen Gründen allein sann man auf einen sakralen Bau, der monumental und somit den Gebeinen der Heiligen würdig erscheinen sollte. Einige Jahrzehnte darauf wurde mit dem Bau des Kölner Domes in der heutigen Gestaltung begonnen. 1248 wurde der Grundstein für den Dombau gelegt, und die Stadt Köln schickte sich an, der mittelalterlichen Vorstellung der Stadt als Abbild des „himmlischen Jerusalems“ zu entsprechen.

Diese Jahrhunderte waren geprägt von Religiosität und Ordensleben. In Köln siedelten sich verschiedene Ordensgemeinschaften an. Und eben in diesem Jahr 1248 wurde in Köln die Hochschule (Studium generale) des Dominikaner-Ordens gegründet, deren Lehrmeister

Albertus Magnus

war. Dieser an Philosophie und Naturwissenschaft interessierte Theologe widmete sich nicht nur den Schriften des Aristoteles sowie jüdischen und arabischen Wissenschaften, er führte auch eigene Experimente durch und hielt die Magie für eine Ergänzung der Naturwissenschaft.

Dies hätte ihm mit Sicherheit den Vorwurf der Ketzerei und eventuell sogar eine Verurteilung eingebracht, wenn er bei diesen Studien und der Veröffentlichung deren Ergebnisse nicht so umsichtig vorgegangen wäre. Er befaßte sich mit Pflanzen und Edelsteinen und sprach diesen heil- und wunderbare Kräfte zu. Er beschäftigte sich, auch experimentell, mit der Alchemie, und somit ist es nicht verwunderlich, daß sich um ihn zahllose Geschichten ranken.

So wird von ihm erzählt, er habe sich einen „Golem" aus Stein geschaffen, der mit ihm sprach. Thomas von Aquin war seinerzeit sein Schüler und suchte seinen Meister zu einer Zeit unverhofft in seiner Zelle auf. Da der Meister nicht im Zimmer war und sich hinter dem Vorhang, der den Raum abgrenzte, etwas regte, schob Thomas diesen auf die Seite und wurde auf alte römische Art von einer steinernen Statue begrüßt, die ihm ein dreifaches „Salve" entgegenrief. So erschrocken griff Thomas von Aquin um sich und nahm den nächstbesten Gegenstand, mit dem er auf die Statue einschlug und sie zerstörte. Albertus Magnus war darüber gar nicht erfreut, denn er soll Jahrzehnte Arbeit dafür aufgewendet haben, diese Skulptur zu erschaffen, und so fiel die Schelte für den jungen Thomas dann auch aus.

Desweiteren soll Albertus Magnus auch verschiedene Zauberbücher besessen haben, die Beschwörungen, Zauberformeln und weitere magische Anweisungen enthielten. Aufgrund dieser Bücher soll er auch in der Lage gewesen sein, im hochwinterlichen Köln im Garten des Klosters – und allein an diesem Ort –, wie von Zauberhand den Frühling in Begleitung einer gut gefüllten Tafel mit Speisen und Getränken erscheinen zu lassen.

Als Albertus Magnus dann nach einem erfüllten Leben verstarb, wurde der Leichnam des großen Mystikers erstmals im Chor der Dominikaner beigesetzt. Doch wird heute dieses Gebäude schon lange nicht mehr in der ursprünglichen Form genutzt, hier befindet sich heute die Hauptpost, und so wurde er dann auch nach St. Andreas umgebettet; seine Gebeine ruhen dort in einem römischen Sarkophag. Die Heiligsprechung seiner Person erfolgte in diesem Jahrhundert. Bedenkt man, daß es zu seiner Lebzeit, zumindest vereinzelt, bereits Anklagen wegen Zauberei und Ketzerei gab, so mag es heute fast verwundern, daß die Kirche Albertus Magnus' Treiben duldete.

Hexenverfolgung

Knapp zweihundert Jahre später begann in Köln und dem Umland die große Welle der Hexenprozesse.

Im Jahr 1446 gab es in Köln die erste Anklage wegen Hexerei, die urkundlich erwähnt ist. Jedoch hatte die Frau, die der Zauberei angeklagt wurde, das Glück, gegen das Versprechen, in Zukunft dieses Handwerk nicht mehr zu betreiben und Ruhe zu geben, freigelassen zu werden.

Weitere einundvierzig Jahre später, im Jahr 1487, wurde durch die Kölner Dominikanermönche Jacob Sprenger und Heinrich Institoris der „Hexenhammer" veröffentlicht. Nach der Veröffentlichung dieses Werkes hatten die Städte und Gemeinden kaum noch die Möglichkeit, Angeklagte wieder freizulassen. Wer in die Mühlen dieser Prozeßordnung geriet, war meist schon verloren.

In Köln fanden in der Zeit zwischen 1491 und 1738, also einen Zeitraum von annähernd zweihundertfünfzig Jahren, Hexenprozesse statt. Anhand alter Rechnungen und Prozeßakten lassen sich für den Stadtbereich Köln noch 96 Fälle rekonstruieren. Geht man davon aus, daß die in der Fachliteratur vielzitierte Zahl von 15 % der Hexenverfolgungen in den Städten und 85 % der Prozesse in den ländlichen Regionen, alleine rechnerisch auch für Köln anzusetzen ist, so ergäbe das eine statistische Anzahl von 544 Verfahren in den ländlichen Umgebungen und 640 Verfahren insgesamt. Es wird jedoch häufig die Zahl von annähernd 1.000 Verfahren im kurkölnischen Bereich genannt. So wird deutlich, daß die realistischen Zahlen von statistischen Hochrechnungen in manchen Fällen gewaltig abweichen können.

Drei Prozesse sollen hier exemplarisch stehen für all die der Hexerei und ähnlicher Delikte Angeklagten.

Gertrud Schütz

Im Jahr 1591 kam der richterlichen Obrigkeit zu Ohren, daß die siebenjährige(!) Gertrud Schütz behauptet habe, sie könne aus ihrer Schürze ein Häschen hervorzaubern. Beachte man nun gar nicht, wie in der heutigen Zeit über solche Äußerungen von Kindern gedacht würde, sondern verfolge, was mit dem Kind geschah:

Sie wurde abgeführt und im sog. Frankenturm, der heute leider nicht mehr existiert, dem Verhör unterzogen. Das Mädchen hatte mit dieser Art der Behandlung sicher nicht gerechnet, als es von dem „Hasenzauber" erzählte, jedoch – wer sollte es ihr glauben? So gestand sie in ihrer Verzweiflung, daß sie gelogen habe, und dies war ja an sich schon ein schwerer Verstoß gegen die Gebote Gottes. Sie kam in die Folterkammer und wurde gegeißelt. Daraufhin durfte sie wieder nach Hause zurückkehren, jedoch unter der Ermahnung, nicht mehr solche Lügengeschichten zu verbreiten, da die Strafe ansonsten härter ausfallen würde.

Katharina Henoth

Der zweite Prozeß, der hier erwähnt werden soll, zeigt, daß selbst Mitglieder aus alteingesessenen, einflußreichen Familien nicht vor der Verunglimpfung geschützt waren. Es handelte sich hier um die Patriziertochter Katharina Henoth. Eine Darstellung der Katharina Henoth befindet sich als Skulptur am Rathausturm. Da jedoch von ihr keine Zeichnungen überliefert waren, ist nicht sicher, ob ihre äußere Erscheinung der Statuette entsprach.

Der Vater von Katharina war kaiserlicher Postmeister und führte das Unternehmen mit finanziellem Erfolg – trotz hartem Konkurrenzkampf durch die Generalpostmeister derer von Taxis und der städtischen Postmeisterei. Der Vater verstarb, und für einige Jahre führte Katharina das Unternehmen weiter. Ihr Bruder war Jurist und Kapitular am Domstift sowie Dekan von St. Andreas, Probst an St. Severin und außerdem noch kurfürstlicher und kaiserlicher Hofrat. Ein Mann also von höchstem Ansehen und Reputation. Ihre Schwester und auch ihre Tochter waren in das Konvent im Kloster St. Claren eingetreten. So mußte sich Katharina diesem harten Geschäftskampf mit den übrigen Postmeistern aussetzen, den sie schließlich verlor. Da sie sich damit aber nicht abfinden wollte, prozessierte sie vor der Reichskammer in Speyer – und dies wollte man unterbinden. Man stelle sich vor, eine Frau, die zu Beginn des 17. Jahrhunderts versuchen wollte, sich in einer „Männerwelt" durchzuboxen. Das konnte und sollte nicht mit rechten Dingen zugehen.

So fand sich auch bald jemand – eine Laienschwester des Klosters St. Claren –, die sie der Hexerei bezichtigte. Katharina habe ihr und anderen den Teufel angehext. Nachdem diese Gerüchte laut wurden, versuchte Katharina den Anschuldigungen direkt entgegenzuwirken. Sie drohte mit einer rechtlichen Klage gegen die Verleumderin und leitete nach einigem hin und her einen sog. „Reinigungsprozeß“ ein. Nach Einleitung dieses Prozesses machten sich die zuständigen Herren des Gerichtes auf die Suche nach Indizien. Mit fünf Indizien, „daß die Katharina Henoth eine Hexe sei“, kehrten sie zurück. Katharina erfuhr, daß sich die Zeichen gegen sie stellten und suchte Zuflucht in ihrer Wohnung. Dort durften aber keine Festnahmen vorgenommen werden, und der daraufhin gefaßte Plan, sie durch einen Geistlichen aus dem Haus zu locken, schlug fehl. Schließlich ließ man sie doch von Soldaten aus dem Haus zerren und in den sogenannten Frankenturm bringen, indem sich zur damaligen Zeit die Folterkammer und das Gefängnis befanden.

Ihr wurde keine Verteidigung zugestanden, und selbst ihr Bruder, ein hochangesehener Mann, mit weitreichendem Einfluß hatte keinerlei Möglichkeit, sie aus den Fängen der Justiz zu befreien. Ihm selbst und auch seiner Schwester gegenüber wurde erwähnt, daß ja nun ein Fall der Hexerei in der Familie läge, und man möge doch darum bemüht sein, daß es nicht sie beide auch noch träfe.

Katharina Henoth gestand keine der ihr vorgeworfenen Verfehlungen – selbst nicht unter der härtesten Folter. Ihre Beharrlichkeit und Stärke wurde ihr zum Verhängnis. Sie wurde im Mai des Jahres 1627 – wahrscheinlich nach fünfmaliger schwerster Folter – zur Richtstätte „Melaten“ gebracht. Dort wurde sie erst erdrosselt und anschließend verbrannt.

Christina Plum

Ungefähr zwei Jahre später, im Frühjahr 1629, erschütterte ein weiterer spektakulärer Fall die Kölner Gerichtsbarkeit – der Fall der Christina Plum.

Sie stammte aus einfachen Verhältnissen und war in einer Zeit aufgewachsen, die von Dämonenglauben, Hexenwahn und der Verfolgung des „schlechten Geschlechts" geprägt war. Fast zwangsläufig fühlten sich die Frauen in diesen Zeiten als von Geburt aus minderwertig, und durch diese Dämonenangst durchsetzt entwickelten sie Besessenheitsängste. So auch bei Christina Plum. Sie suchte verschiedene Geistliche auf, bei denen sie sich selbst der Besessenheit anklagte. Somit kam es unausweichlich zum Verhör, denn die Geistlichkeit achtete das Beichtgeheimnis in solchen Fällen selten und brachte die Personen direkt zur Anklage.

Doch Christina Plum war nicht vergleichbar mit der Geschäftsfrau Katharina Henoth, die versuchte, ihr Recht auf legalem Wege zu erreichen. Christina Plum agierte auf eine subtile, aber wesentlich wirkungsvollere Art und Weise. Sie tat das, was man in einem Verfahren von einer angeklagten Hexe erreichen wollte: sie nannte Namen der Beteiligten! Und diese waren keine geringeren als die Frauen des Bürgermeisters und des Schneiders, sowie Doktoren und Pastoren, die Domherren, der Weihbischof und diverse weitere weibliche und männliche Personen – teils Geschäftsleute, teils hohe Amt- und Würdenträger.

Ein Ruck ging durch die Gerichtsbarkeit, denn dies war ein Skandal allerhöchster Ordnung. Wenn nun selbst die „Hexenjäger" beteiligt wären an solchen Schandtaten ...

Man verhörte sie ein zweites Mal, und sie fand noch weitere Honoratioren, die sie anklagte. Man sperrte sie in den Gereonsturm und verhörte sie noch weitere Male.

Doch Christina blieb bei ihrer Aussage und wurde anschließend dem Hohen Gericht zur Verurteilung überstellt. Wenig erstaunlich ist, daß das Hohe Gericht nur „minimal" besetzt war, denn diese Verhandlung wollte keinem der Herren so recht gefallen, schließlich waren alle mehr oder weniger betroffen. Nun versuchte man, diesen Prozeß auf eine möglichst diskrete und schnelle Weise abzuhandeln, denn ihre Aussagen hätten in einer öffentlichen Prozeßführung das erreichen können, was alle vermeiden wollten: die Anklage sämtlicher hochgestellter Amtsinhaber des Rates und des Klerus.

Somit kam Christina Plum annähernd zwei Monate nach ihrer erstmaligen Verhaftung frei, wurde jedoch dazu verpflichtet, niemandem ein Wort über diesen Prozeß zu erzählen und vor allem keine Namen zu nennen. Ob es aus Dummheit war oder aus Geltungsdrang, ob es der Stolz war, mit einer guten Geschichte den Mühlen des Gerichtes entgangen zu sein oder vielleicht wirklich die Wahrheit, es ist nicht bekannt. Doch aus irgendeinem Grunde wird sie ihr Versprechen gebrochen haben und erzählte in der Stadt die Geschichte ihres Prozesses. Es ließ nicht lange auf sich warten, bis die hohen Herren davon Wind bekamen und sie schließlich dem nun unabwendbaren Schicksal in den Flammen entgegenblicken mußte.

Im Jahr 1630 wurde Christina Plum zuerst stranguliert und anschließend mit ihren schriftlichen Anklageprotokollen zusammen verbrannt. Am gleichen Tag ordnete der Erzbischof an, daß alle Prozeßunterlagen vernichtet werden sollten. Die Dokumente wurden gesammelt, gleichwohl aber nicht verbrannt, sondern in einer Eisentruhe an einem sicheren Ort deponiert. Heute befindet sich ein Teil der Hexenprotokolle im Historischen Archiv der Stadt Köln.

Richtstätte Melaten

Die Richtstätte der Stadt Köln war der damalige Flecken „Melaten“. Heute befindet sich diese Stelle fast inmitten des Stadtgebietes und wird als Friedhof genutzt.

Die Stadt Köln bietet Führungen zu den historischen Stätten im Stadtgebiet an, auch zu dem Thema „Hexen“. Teils sind die Rundgänge jedoch anhand eines Jahresplanes festgelegt. Sonderführungen werden auf Anfrage veranstaltet.

Auskunft erteilt: *Verkehrsamt der Stadt Köln*
Unter Fettenhennen 19
(gegenüber Dom)
50667 Köln
Tel.: 0221/2 21 33 45
Fax: 0221/2 21 33 50

Königswinter

Das Siebengebirge rühmt sich zu recht als eine der romantischsten Stellen des Rheinlandes. Zentraler und auch touristisch bekanntester Ort ist Königswinter. Nahe dem Ortsteil Niederdollendorf liegt das

Kloster Heisterbach

Hier wurde zu Beginn des 13. Jahrhunderts ein Kloster errichtet, von dem man heute nur noch die verwunschen wirkenden Ruinen besichtigen kann. Zur Einstimmung auf die Geschichte, die von einem Ordensbruder dieser Abtei handelt, kann am besten das Gedicht von Wolfgang Müller (1816–1873) aus Königswinter dienen:

Im Lauf erreichte er den Garten schnell;
Ein Unbekannter öffnet ihm das Tor;
Er stutzt – doch sieh, schon glänzt die Kirche hell,
Und daraus ertönt der Brüder heilger Chor.

Nach seinem Stuhle eilend tritt er ein –
Doch wunderbar – ein anderer sitzet dort!
Er überblickt der Mönche lange Reihn
Nur Unbekannte findet er am Ort.

Der Staunende wird angestaunt ringsum:
Man fragt nach Namen, fragt nach dem Begehr;
Er sagt's. Da murmelt man durchs Heiligtum:
„Dreihundert Jahre hieß so niemand mehr!“

„Der letzte dieses Namens,“ tönt es dann,
„Er war ein Zweifler und verschwand im Wald;
Man gab den Namen keinem mehr fortan.“
Er hört das Wort – es überläuft ihn kalt.

Er nennet nun den Abt und nennt das Jahr;
Man nimmt das alte Klosterbuch zur Hand,
Da wird ein großes Gotteswunder klar:
„Er ist's, der drei Jahrhunderte verschwand!“

Der Mönch, um den sich diese Geschichte rankt, hieß Maurus. Er war mit den theologischen Manuskripten so vertraut, daß er mit der Auslegung schwieriger Texte betraut wurde. So erhielt er mit den Jahren auch viele „kritische“ Werke zur Bearbeitung und begann durch die geistigen Auseinandersetzungen mit den „alten Meistern“ in Widersprüche zur katholischen Glaubenslehre zu geraten. Doch das, worüber er am meisten zweifelte, war der Satz des Apostel Petrus in seinem zweiten Brief „Tausend Jahre sind vor dem Herrn wie ein Tag und ein Tag wie tausend Jahre“.

Eines Mittags wanderte er über diesen Ausspruch sinnierend durch das Siebengebirge. Da er nun schon einige Jahre an Alter zählte und etwas schneller ermüdete als in Jugendtagen, hielt er Rast und schlief ein. Als er des Nachmittags durch die Glocken der Abtei geweckt wurde, beeilte er sich, rechtzeitig zur Vesper zurückzukehren. Als er dann dort eintraf, sah er nur unbekannte Gesich-

Kloster Heisterbach

ter. Und wie sich herausstellte, sollen annähernd dreihundert Jahre vergangen sein.

Versucht man nun die Begebenheit historisch einzuordnen, ergeben sich einige Schwierigkeiten. Die erste Klostergemeinde wurde ungefähr im 9. Jahrhundert auf den Überresten der ältesten keltischen Flieh- und Fluchtburg des Siebengebirges ansässig. Im 12. Jahrhundert wurde die erste Kapelle auf dem Petersberg errichtet. Nimmt man an, daß Maurus aus der Zeit der ersten Klosterbrüderschaft entstammen würde, wäre er ungefähr im 12. Jahrhundert wieder in der Abtei eingetroffen. Aus dieser Zeit liegen jedoch recht genaue Aufzeichnungen des Abtes Cäsarius von Heisterbach vor, der eine solche Begebenheit nicht erwähnt.

Diese Form der Wandersage eines Mönches taucht allerdings in verschiedenen anderen Abteien immer wieder auf. Der Zeitpunkt des Verschwindens liegt dabei meistens in der Mitte des 11. Jahrhunderts und das Auftauchen 300 Jahre später, also in der Mitte des 14. Jahrhunderts. Eventuell handelt es sich auch um eine Erzählung, die aus alter keltischer Überlieferung stammt und auf die Zeit der kirchlichen Ordensgründungen an vielen Orten übertragen wurde.

Interessant wird hier aber auch der Hinweis darauf, daß die ersten Ordensbrüder sich im 9. Jahrhundert auf dem Petersberg niederließen. Die Christianisierung ging meist in großen Schüben vor sich, so daß nach bestimmten Ereignissen Bewohner ganzer Ortschaften das Sakrament der Taufe empfingen. So rankt sich auch um den Drachenfels, mit dem Petersberg die wohl bekanntesten beiden Berge des Siebengebirges, so manche wundervolle Erzählung.

Die Drachen-Sage

Der Drachenfels soll seinen Namen von einem Untier erhalten haben, von denen zur mittelalterlichen Zeit noch einige in Deutschland gehaust haben sollen. Wie es aus vielen Geschichten überliefert ist, trieben es viele dieser Drachen recht toll, verwüsteten die Landschaft und fraßen das Vieh. Meist wurde dann eine Jungfrau der Bestie geopfert, damit dieses Biest die Gegend in Ruhe lassen sollte.

Auch hier verhielt es sich nicht anders, jedoch weiß die Geschichte zu berichten, daß es sich bei der Jungfrau um ein Mädchen handelte, welches vor kurzem dem christlichen Glauben beigetreten war. Als der Drache nun das Kreuzzeichen an der Kette des Mädchens erblickte, konnte er es nicht angreifen. Das Ungeheuer wand sich und wich immer weiter zurück, bis es schließlich in den Rhein stürzte und ertrank.

Der Drachenfels

Einer anderen Erzählung nach soll Jung-Siegfried aus der Nibelungensage hier den Drachen getötet und in seinem Blut gebadet haben.

Wie dem auch sei, die „Drachenhöhle/Nibelungenhöhle“ ist auf dem Drachenfels zu besichtigen. Sie wurde innen durch den Maler Hermann Hendrich dekoriert, dessen weiteres Werk unter anderem die Walpurgishalle in Thale (Harz) ist.

Wotankult auf dem Petersberg

Der Königswinter gegenüberliegende Godesberg wird als ehemalige Kultstätte des Gottes Wotan oder Odin angesehen. Im Siebengebirge vermutet man für den Petersberg und den Drachenfels, aber auch für die weiteren fünf umliegenden Berghöhen, eine gleichartige Form der Verehrung alter heidnischer Götter. Da viele dieser Kulte auf Berggipfeln bzw. in Höhlen ausgeübt wurden, bietet sich das Siebengebirge als Ursitz eines großangelegten Kultbezirkes nahezu an. Weitere Hinweise darauf geben auch die Zeichen der Ansiedlung von Kelten und Germanen, für die die Ausübung ihrer naturbezogenen Religionen Bestandteil ihres täglichen Lebens war.

Steinkreis von Niederdollendorf

Im Ortsteil Niederdollendorf wurde vor einigen Jahrzehnten ein Steinkreis entdeckt, der direkte astronomische Beziehungen aufwies. So können anhand dieser Steinsetzungen die Sonnenstände zu verschiedenen Jahreszeitenwenden oder auch die Mondaufgangspunkte zu den einzelnen Mondphasen anhand der Abstände zwischen den einzelnen Steinen ermittelt werden.

In der Stadt Königswinter wurde sich bereits ob dieser Entdeckung riesig gefreut, denn der Steinkreis sollte einen weiteren touristischen Höhepunkt darstellen, jedoch – es kam anders.

Bei Untersuchungen der Bodenschichten unter den einzelnen Steinen wurde festgestellt, daß die Anlage nicht vor wesentlich längerer Zeit als vor ungefähr 200 Jahren aufgestellt worden sein kann.

Ob hier ein alter Kult wiederbelebt worden ist, ob Angehörige der Verwaltung, ob Studenten aus dem nahegelegenen Bonn oder letztendlich einige Weinfreudige aus Jux diese „Stonehenge-Mini-Nachbildung" aufgestellt haben, wird man wohl jetzt nicht mehr erfahren können. Da aber noch im 18. Jahrhundert das Wissen über die Gestirnsbeobachtung nach diesem Vorbild darstellbar gemacht wurde, verdient die Anlage trotz all dem eine Beachtung.

Auskunft erteilt: *Stadt Königswinter*
Drachenfelsstraße 9
53637 Königswinter
Tel.: 02244/889-0
Fax: 02244/889-378

Kreuzau

Nahe der Stadt Nideggen liegt Kreuzau in der beschaulichen Rur-Eifel. Zwischen den Ortsteilen Untermaubach und Winden befindet sich der

Hochkoppelfelsen

Mit einer Wanderkarte ausgerüstet, sollte man sich auf den Weg machen, die landschaftlich reizvolle Gegend mit den zerklüfteten Felsgebilden zu erkunden. Hier sind die Überreste eines keltischen Wehrdammes zu sehen. Den teils steil aufragenden Felsklippen wird ein Bezug zu frühzeitlichen Kulthandlungen nachgesagt.

Alles scheint auch darauf hinzudeuten, daß die Gegend um Kreuzau und Nideggen ehemals Mittelpunkt eines größeren Kultbezirkes gewesen ist, denn nur wenige Kilometer von den zerklüfteten Hochkoppelfelsen entfernt wurden Schalensteine und Felsritzungen gefunden. Letztere liegen im Verwaltungsbereich der Stadt Nideggen.

Auskunft erteilt: *Verkehrsverein*
Obermaubach-Schlagstein e. V.
Bahnhofstraße 7
52372 Kreuzau
Tel.: 02422/507-165
Fax: 02422/507-160

Lemgo

Hermann Cothmann und das Hexenbürgermeisterhaus

In der Zeit zwischen 1564 und 1681 erlebte Lemgo in fünf großen Prozeßwellen die schlimmste Zeit der Hexenverfolgung. Über 200 Personen fielen dort den Hexenprozessen zum Opfer, und ein großer Teil dieser Verurteilungen fiel in die Zeit der Amtsführung des Bürgermeisters Hermann Cothmann, der die Anklagen mit fast fanatischem Eifer vorantrieb. Der Jurist und Hexenjäger wohnte während seiner Amtszeit in dem in unserer Zeit unter dem Namen „Hexenbürgermeisterhaus" bekannten Gebäude.

Heute befindet sich dort ein Museum, in dem in einem Sonderausstellungsraum durch Dokumente und verschiedene Objekte, darunter auch Folterinstrumente, die Geschichte der Hexenverfolgung in Lemgo erläutert wird. Auch wird hier der Umgang mit dem Hexenthema im 20. Jahrhundert (selbst-)kritisch behandelt, welches aus Sicht der Stadt in der Vergangenheit eher folkloristisch verharmlost oder zu Werbezwecken benutzt wurde.

Von der Stadt Lemgo wird in beispielhafter Weise ein Stadtrundgang zum Thema Hexenverfolgung angeboten, dessen erste Etappe das Hexenbürgermeisterhaus ist.

Orpingstraße/Hüttenstraße

Die zweite Station des Stadtrundganges führt in das ehemalige Wohngebiet der meisten Angeklagten, der „Heilig-Geist-Bauernschaft". Viele der Anklagen entstanden aufgrund der Gerüchte aus der Nachbarschaft. Der Rundgang führt an einigen der heute noch erhaltenen Wohnhäuser aus dieser Zeit vorbei.

Lindenwall/Kohlstraße

Ein weiterer Besichtigungsplatz auf dem Stadtrundgang ist der Lindenwall. Von hier aus kann man einen Blick über die alte Stadtbefestigungsanlage werfen. Bei der Führung wird von dort aus auch der Standort des als Diebes- oder Hexenturm bekannten Mauerturmes bezeichnet. Dieser, bis in das 19. Jahrhundert erhalten gebliebene Turm, wurde ehemals als Gefängnis benutzt.

Der Stadtrundgang führt weiter vorbei am Regenstor in Rembken und dem privaten Wohnhaus der damaligen Scharfrichterfamilie Clausen, sowie dem ehemaligen Sitz der Scharfrichterei in der „Neuen Straße". Schließlich noch über den Marktplatz, dem Ort, an dem das „hochnotpeinliche Halsgericht" stattfand und die Urteile öffentlich verlesen wurden. Die vorletzte Etappe bildet der weiter unten beschriebene „Stein des Anstoßes".

Abschließend führt der Rundgang in das

Stadtarchiv im Süsterhaus

Hier befinden sich heute die Akten über die damaligen Hexenprozesse. Es liegen hier 209 Gerichtsakten aus dem 16. und 17. Jahrhundert vor, eine Sammlung der um-

Das Hexenbürgermeisterhaus

fangreichsten Dokumente aus dieser Zeit. Die Erkenntnisse aus den Prozessen der Hexenverfolgung liegen allerdings nicht in aufbereiteter Form vor, die Originalakten stehen jedoch zur Untersuchung und Auswertung auf Anfrage zur Verfügung.

So finden sich hier auch Unterlagen über

Maria Rampendahl

Obwohl das Ende der Hexenverfolgung in Lemgo schon fast beschlossene Sache war, wurde Maria Rampendahl im März 1681, im Alter von knapp sechsunddreißig Jahren, der Hexerei angeklagt, nachdem über sie seit dem Jahr 1667 belastendes Material gesammelt worden war. Sie wurde verhaftet und gefoltert, doch sie legte kein Geständnis ab, und so blieb dem Rat und dem „Hexenbürgermeister" nichts anderes übrig, als sie des Landes zu verweisen. Eine anschließende Prozeßführung vor dem Reichskammergericht in Speyer gegen die Aufhebung des Urteils verlor sie, und so ließ sie sich mit ihrem Ehemann in dessen Geburtsstadt nieder, wo sie im Jahre 1705 verstarb.

Zu ihrem Andenken wurde

Der Stein des Anstoßes

errichtet. Auf dem Kirchplatz vor der St. Nicolaikirche befindet sich das 1994 eingeweihte Denkmal für die letzte in Lemgo verfolgte Hexe. Doch steht dieses Mahnmal nicht nur für Maria Rampendahl, sondern für alle in der Stadt Lemgo unschuldig verfolgten.

Auskunft erteilt:	*Stadt Lemgo Am Markt 32655 Lemgo Tel.: 05261/213-0 Fax: 05261/213-215*
oder	*Hexenbürgermeisterhaus Breite Straße 19 32657 Lemgo Tel.: 05261/213-276 Öffnungszeiten: Di bis So 10.00 bis 12.30 Uhr und 13.30 bis 17.00 Uhr Von April bis Oktober jeden ersten Sonntag im Monat um 11.00 Uhr eine öffentliche Führung*
oder	*Stadtarchiv Süsterhaus Rampendahl 20 A 32657 Lemgo Tel.: 05261/213-413 Öffnungszeiten: Mo bis Fr 8.30 bis 12.30 Uhr; Mo bis Mi 13.30 bis 16.00 Uhr; Do 13.30 bis 17.00 Uhr*

Lengerich

Etwas überraschend ist es schon, wenn man sich auf die Suche nach den Steingräbern von Lengerich macht und feststellt, daß alte und neue Kultur manchmal auch sehr eng beieinander stehen können. Hier braucht man die Ortschaft nicht zu verlassen und durch Waldgebiete oder Feld und Flur wandern, denn sowohl das Megalith- als auch das Hügelgrab findet man mitten in der Ortschaft Lengerich-Wechte.

„An der Papiermühle“

Hier zeigt sich eine Rekonstruktion der Ende der zwanziger Jahre in Lengerich gefundenen Hügelgräber. Allerdings in der Fassung „aus zwei mach eins“. Die Funde des zweiten Grabes waren von so geringem Umfang, daß man sie dazu benutzte, die andere Fundstelle zu ergänzen.

Die Ausrichtung der Gräber, soweit sich dies rekonstruieren ließ, wiesen eine Ost/Westachse auf, wobei die „Blickrichtung“ des Bestatteten in Richtung Osten lag. Diese Gestaltungsweise läßt sich bei fast allen Hügelgräbern feststellen. Eine Orientierung zur aufgehenden Sonne war also für den Bestattungsort und/oder -ritus von besonderer Bedeutung.

Aufgestellt sind in der nachgebildeten Grabanlage auch Steinsetzungen mit zwei Reihen aus Findlingen.

„Am Steinhügelgrab“

Circa 500 m in südwestlicher Richtung von den Großsteingräbern entfernt ist eine weitere Rekonstruktion eines Steinhügelgrabes zu sehen. Diese ist ungefähr 300 Jahre später als die Anlage aus der jüngeren Steinzeit in den Beginn der Bronzezeit datiert und wird weiterhin als das Zentrum einer ausgedehnten Bestattungsanlage gesehen.

Auch hier findet sich die Ost/Westachse in der Ausrichtung der Grabstätte. Die gesamte Grabanlage wurde von einem ungefähr 1,5 m breiten und 0,5 m tiefen kreisförmigen Graben umgeben, der die Abgrenzung des Grabbezirkes darstellte.

Auskunft erteilt: *Verkehrsamt der Stadt Lengerich*
Rathausplatz 1
49525 Lengerich
Tel: 05481/8 24 22

Lienen

Am südlichen Rande des Teutoburger Waldes gelegen, lädt der staatlich anerkannte Luftkurort Lienen mit seinen gut erhaltenen, alten Fachwerkhäusern zum Verweilen ein. Dem zur Gemeinde Lienen gehörenden Holperdorper Tal sagt man nach, daß es eines der schönsten des Teutoburger Waldes sei. Während der berühmten Kirsch- und Apfelblüte in diesem Tal läßt man sich gerne zu ausgedehnten Wanderungen verlocken.

Grafentafel und Duvensteine

Hier liegen auch die sog. „Duvensteine“ und die „Grafentafel“, beide circa einen Kilometer voneinander entfernt. Eine Deutungsweise der Benutzung dieser Steine in früheren Epochen beinhaltet die Vermutung, daß es sich hier um Kultplätze der Verehrung der „Großen Mutter“ handelte. Sie wurde, ähnlich dem Matronenkult, in einer Dreiheit verehrt, nämlich in der Form der weißen, grauen und schwarzen Mutter (Ve = Fee = weibl. Geistwesen).

Man geht hier von der Bedeutung der weißen Farbe für die Jugend, der grauen Farbe für das mittlere fruchtbare Lebensalter und der schwarzen Farbe für das Alter aus. Es scheint also, als wären hier die Formen der grauen und schwarzen Muttergottheit verehrt worden.

Somit ließen sich die Namen der „Gra(uen)fen-Tafel“ und der „Du(nklen)ve-Steine“ ableiten.

Einen weitere Hinweis, der allerdings auch Grundlage für einen Streitfall in der Deutung der ursprünglichen „Nutzung“ der Steine ist, gibt uns das niederdeutsche Wort für Taube, nämlich Duve. Dieser Deutungsweise nach handelte es sich hier also um einen Nistplatz für Tauben.

Da aber die Taube als Begleittier der Liebesgöttin bekannt ist – sowohl in der keltischen als auch der römischen oder griechischen Mythologie –, kann durchaus eine Kombination der beiden vorhergehenden Deutungen möglich sein. Der Hinweis auf die starke Präsenz der Tauben an diesem Ort mag denn die Annahme als Kultort sogar noch verstärken.

Ähnlich verhält es sich bei der „Grafentafel“. Wie bereits oben erwähnt, schreibt man ihr den Rang einer Kultstätte für die Anbetung der „Grauen Göttin“ zu. Einer anderen Deutungsweise nach handelte es sich hier um einen Speiseplatz, der den Herren von Tecklenburg diente, wenn sie, von der Jagd erschöpft, eine kleine Rast einlegten, um hier zu speisen. Dies dürfte jedoch erst in den letzten Jahrhunderten der Fall gewesen sein, so daß die beiden Deutungsweisen sich nicht gegenseitig ausschließen.

Im Jahr 965 fand dieser Stein erstmals urkundliche Erwähnung als sog. „Hrutansten“. Das Wort „Hruta“ wurde als „Rute“ gedeutet, welche in früheren Zeiten ein Flächenmaß beschrieb.

Weiterhin gibt es aus Lienen und den umliegenden Ort- und Bauernschaften, noch einige Erzählungen, die sich auf Spuk und Hexen beziehen.

Der Brunnen von Meckelburg

So soll in der Bauernschaft Meckelwege ein Bauernhof liegen, dessen früherer Besitzer Ahmann hieß. Zu dem Bauernhof gehörte ein Brunnen, um den herum in mondhellen Nächten oftmals Geistergestalten beim Tanz gesehen wurden. Ein Wahrsager, nach diesem Treiben befragt, antwortete mit dem Hinweis, daß in kurzer Zeit etwas Ungutes auf dem Hof passieren werde.

Dieses „ungute Geschehen" äußerte sich so, daß die beiden auf dem Hof lebenden Brüder sich über die Aufteilung des Erbes nicht einigen konnten und der ältere den jüngeren deshalb in den Brunnen warf, wodurch dieser ertrank. Von da an spukte der Ertrunkene nun um den Brunnen herum, weil er keine Ruhe fand. Nachdem man den Brunnen zugeschüttet hatte, tauchten keine Geistererscheinungen mehr auf.

Siebenwege

In der idyllischen Bauernschaft Holzhausen findet man eine „Siebenwege" genannte Wegkreuzung. Nach alter Überlieferung waren Wegkreuzungen ursprünglich Orte von kulturellen Handlungen, denen eine positive göttliche Kraft zugeschrieben wurde. Erst später wurde den Wegkreuzungen, durch die Verbindung mit der Kreuzigung Christi, Unheilvolles nachgesagt. Man mied Wegkreuzungen, vor allem bei Nacht, da sich an diesen Orten zwielichtige Gestalten, wenn nicht sogar der leibhaftige Teufel, aufhalten sollten.

So wurde auch einer Erzählung nach diese „Siebenwege" als Treffpunkt für Hexen benutzt. Gefunden hat man als untrügliche Beweise dafür sogar einige Besenstiele und „merkwürdige“ Pfannkuchen. Weiteres ist zu diesem Thema leider nicht überliefert.

Dannenkamp

In der Nähe der „Siebenwege“ liegt ein Feldstück mit Namen „Dannenkamp“. Dort soll eine Gespenstergestalt umgegangen sein, die den Kopf unter dem Arm trug. Man erzählt, daß es sich hierbei um einen Verbrecher handelte, der hingerichtet wurde und im Grab keine Ruhe fand. Diese Gegend wurde wegen der Erscheinung von den Leuten gemieden, bis auf einen Bauern, der eines nachts noch durch den Dannenkamp nach Hause mußte. Plötzlich konnte der Bauer sich nicht mehr rühren und war wie gelähmt. Ein alter Zauberspruch fiel ihm aber wieder ein, und nachdem er ihn gemurmelt hatte, war der Spuk vorbei, und er konnte sich wieder bewegen. So schnell er konnte, verließ er diesen Ort und eilte nach Hause.

Neue Mühle bei Kattenvenne

Die „Neue Mühle“ liegt an der Straße Lienen–Kattenvenne. Hier sollen einige Leute Visionen über zukünftige Ereignisse gehabt haben. So wurde von verschiedenen Leuten unabhängig voneinander eine „weiße Frau“ beobachtet, die den Weg vom Wohnhaus zur Mühle nahm.

Einige Zeit später verunglückte ein Kutschwagen in einer scharfen Biegung direkt vor der Mühle. In der Kutsche hatte sich eine Taufgesellschaft befunden. Drei Insassen starben, der Täufling und zwei weitere Personen überlebten dieses Unglück.

Um die Toten zuzudecken, kam eine Frau vom Hause mit einigen Leinentüchern auf dem Arm. Als man sie diesen Weg gehen sah, erinnerten sich die Umstehenden an die einige Zeit zuvor erfolgten Wahrsagungen.

Ein anderes Mal wurden die Knechte der Mühle durch ein lautes Uhrenticken aufgeschreckt, welches sie nachts in ihrer Kammer vernahmen. Als sie jedoch Licht angezündet hatten, war keine Uhr zu sehen, und auch das Geräusch war verschwunden. Dieses Uhrenticken war in der Zeit zwischen Mitternacht und 1 Uhr nachts zu vernehmen, und diese geheimnisvolle Uhr schien genau über dem Bett eines Knechtes zu sein. An dieser Stelle war aber keine Uhr aufgehängt, und in dem ganzen Raum befand sich nichts, was dieses Geräusch hätte verursachen können. Eine Woche später starb die Schwester dieses Knechtes, und man bezog das vernehmbare Tikken als Vorwarnung zu diesem Geschehnis.

Eine weitere Vorhersage ist aus Lienen bekannt: der

Brand des Holtmeier-Hofes

Zeitlich geschah diese vorherige Wahrnehmung eines zukünftigen Geschehens noch in diesem Jahrhundert. Der zeitliche Zwischenraum ist dabei sogar noch so nah, daß sich die Erzählung nur über wenige Generationen erstreckt. Somit kann man davon ausgehen, daß sich die Geschehnisse auch in dieser Art zugetragen haben und die Inhalte bis heute nicht wesentlich verändert wurden.

Etwa um das Jahr 1916 sagte ein Bauer aus Lienen, der häufig Visionen zukünftiger Ereignisse wahrnahm, voraus, daß ein Hof an einer von ihm bezeichneten Stelle beginnen würde zu brennen. Auch sah er in seiner Vision „ein Gefährt mit drei Pferden, deren Geschirr und Leinen sich ineinander verhakt haben". Er erzählte, daß er die Pferde vor einem Steinkreuz gesehen habe, wie es an der Bahnhofstraße in Lienen stehe. Eine genauere Vorhersage, auch für den ungefähren Zeitpunkt, konnte er nicht machen.

Zwei Jahre später, kurz nach dem ersten Weltkrieg, trat das Vorhergesagte ein. Als der Holtmeier-Hof brannte, fuhr die Feuerwehr von Lienen mit einer von zwei Pferden gezogenen Kutsche, auf der sich die Löschspritze befand, in Richtung Brandstelle. Auf dem Hof hatte man zwischenzeitlich das Vieh aus den brennenden Ställen gejagt, um es vor dem Verbrennen zu schützen. Die Pferde standen mit locker aufgezäumtem Geschirr, so daß man ihnen nur die Stalltüre zu öffnen brauchte.

Eines von den Pferden jagte in seiner Panik aus dem Stall heraus und direkt in die Ortschaft Lienen hinein. Genau auf der Höhe des Steinkreuzes kollidierte das Pferd mit dem Feuerwehrwagen. Die Zügel und Geschirrteile der drei Pferde verwickelten sich nun so miteinander, daß es sehr lange brauchte, um diese zu entwirren. Als die Feuerwehr den Hof schließlich erreichte, war er abgebrannt.

Kurz darauf kam der Wahrsager in den Verdacht, den Brand selbst gelegt zu haben, um auf diese Weise seine Prophezeiung zu erfüllen. Jedoch wurde sehr bald eingesehen, daß er sehr wohl das Feuer hätte verursachen können, aber die Tatsache, daß er die Anzahl der beteiligten Pferde und auch die Stelle, an welcher der Zusammenstoß des Feuerwehrwagens mit dem Holtmeier-Pferd erfolgte, vorher bereits exakt beschrieben hatte, befreite ihn schließlich von jedem Zweifel.

Auskunft erteilt: *Fremdenverkehrsamt Lienen*
Diekesdamm 1
49536 Lienen
Tel.: 05483/73 96-10 oder -49
Fax: 05483/73 96-59

Lohmar

Hügelgräberfeld

Zwischen Lohmar und dem Siegburger Ortsteil Stallberg liegt inmitten des Staatsforstes Siegburg ein Hügelgräberfeld. Allerdings muß man hier sehr genau aufpassen, daß man es nicht verfehlt, denn nur ein kleines Schild weist auf die genaue Lage hin. Und dieses Schild steht gut versteckt zwischen Bäumen und Sträuchern. Genauso gut versteckt sind aber auch die Grabhügel, denn von diesen ist, zumindest im Sommer, fast nichts mehr zu sehen. Hinweislich sollen sie aber vollständigkeithalber aufgeführt werden. Ratsam wäre es auf jeden Fall, die Grabanlage in der winterlichen Jahreszeit aufzusuchen, da man ansonsten gar nichts von dieser Anlage entdekken kann, die auf die Zeit vor ca. 15.000 Jahren datiert wird.

Auskunft erteilt: *Gemeinde Lohmar*
Rathausstraße 4
53785 Lohmar
02246/15-0
02246/15-200

Lügde

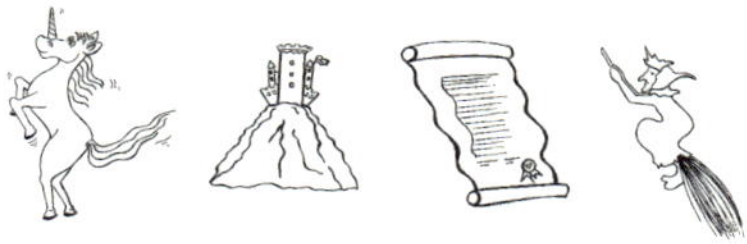

„Reizvoll eingebettet in eine üppige Wald- und Wiesenlandschaft liegt Lügde im Übergang zwischen dem Erholungsgebiet Teutoburger Wald und dem Weserbergland. Ein uraltes Brauchtum, der Lauf der Feuerräder am 1. Ostertag, zieht immer aufs neue Zehntausende von Besuchern an.“ So beschreibt sich der Ort Lügde in einer eigenen Broschüre. Lügde blickt, zumindest in unmittelbarer Umgebung, auf eine Besiedlungsgeschichte zurück, die an die 2.000 Jahre zurückreicht.

Herlingsburg

Die Herlingsburg stammt in ihren Grundzügen aus dieser Zeit, und viele Spekulationen und Gerüchte ranken sich um die nur noch als Wallanlage erkennbare Burg. Die Zufahrt erfolgt über die Kreisstraße zwischen Schieder und Lügde (in Richtung Glashütte/Eschenbruch halten). Den Wagen kann man dort auf einem Waldparkplatz abstellen und den Rest des Weges auf Schusters Rappen zurücklegen, die Herlingsburg ist ausgeschildert.

Interessant ist die Burganlage insbesondere aus der Forschungsgeschichte heraus: Man vermutete, daß es sich bei der Herlingsburg in früheren Zeiten um den Standort der Irminsul gehandelt habe oder daß sie gleichzusetzen sei mit der legendären sächsischen Skidroburg. Ausgrabungen haben hier hauptsächlich Anfang unseres Jahrhunderts stattgefunden, die Funde bestanden meist in einer Vielzahl unterschiedlicher Spinnwirteln.

Spinnwirtel waren beliebte Opfergegenstände für germanische bzw. keltische Muttergottheiten. Im besonderen ist die überlieferte Geschichte von Frau Holle ein Überbleibsel der mythologischen Hulda, der die hauswerklichen Dinge, wie beispielsweise das Spinnen der Wolle unterstand. Ihr wurden vornehmlich Spinnwirtel geopfert, um sie gnädig zu stimmen. Erinnert man sich auch an die Geschichte von Dornröschen, welches durch den Stich an einer Spindel in hundertjährigen Schlaf fiel, wird die Bedeutung der Spinnwirtel und des Kultes um Frau Hulda klar, die hier die dreizehnte Fee verkörperte.

Tieferen Einblick in die Erhaltung alter mythologischer Überlieferungen gewinnt man durch die „Märchen"-Bände der Gebrüder Grimm, sowie die Bände über Deutsche Mythologie von Jacob Grimm.

Osterräderlauf

Das bereits eingangs erwähnte Osterfeuer begründet sich auch auf alte heidnische Bräuche, die in Deutschland zum Teil noch als Osterfeuer, aber auch als Walpurgisfeuer, die in der Nacht zum 1. Mai (größtenteils im Harz), Herbst- bzw. Erntedankfeuer oder Johannisfeuer gefeiert werden. Traditionell haben die Feierlichkeiten, die mit dem Anzünden von Strohrädern oder ähnlichen Gebilden zusammenhängen, den Grund, bestimmte Jahresabschnittsfeste, wie beispielsweise die Tag- und Nachtgleichen oder die Sonnenwenden, zu begehen.

Als Ursprung kann aber auch die Verehrung einer bestimmten Gottheit, wie des Sonnengottes Sol, angenommen werden. Dessen Zeichen, das Sonnenrad – dargestellt durch die brennenden Räder – symbolisiert die Vertreibung des Winters durch die Kraft der (stärker werdenden) Sonne. Der Überlieferung entsprechend erkennt man die Anzeichen für das Gelingen der Ernte daran, ob der Verlauf der Räder hinab in das Tal gut verläuft oder nicht.

Da in den Zeiten nach der Christianisierung die alten heidnischen Gebräuche in kirchlich-religiöse Feierlichkeiten umgewandelt wurden, finden heute alte Brauchtümer häufig an den christlichen Feiertagen statt. Einen weiteren Hinweis auf die kultische Verehrung des Sonnengottes kann auch die Tatsache geben, daß der Osterräderlauf immer am Ostersonntag, dem Feiertag des Sonnengottes, stattfindet.

In dem heutigen Gebiet Westfalens war bis zu der Zeit der Kriegszüge Karls des Großen das Stammgebiet der Sachsen. Daher finden sich hier auch viele ehemalige Stammburgen und Kultstätten, ebenso werden viele der traditionellen heidnischen Feste in neuem Gewand gefeiert.

Friedrich Spee von Langenheim

Zur Stadt Lügde gehört auch der Ort Falkenhagen, mit dem ehemaligen Zisterzienserkloster Lilienthal. Von Beginn des 17 Jahrhunderts an, wurde die Klosteranlage für lange Zeit vom Jesuitenorden benutzt. Mitte des 17. Jahrhunderts taucht in der Klostergeschichte der Name eines Ordensmitgliedes auf, der dem weiteren Verlauf der Hexenprozesse in Deutschland eine entschiedene Wendung in positiver Hinsicht gab: Friedrich Spee von Langenfeld, genannt Friedrich von Spee.

Friedrich von Spee begegnet uns an verschiedenen Orten des Lippelandes wieder. 1591 in Düsseldorf-Kaiserswerth geboren, trat von Spee 1610, also mit 19 Jahren, in Trier in den Jesuitenorden ein. Als gesichertes Datum kann man annehmen, daß von Spee sich ab Februar 1631 im Kloster Falkenhagen aufgehalten hat, und auch hier liegt der Erscheinungsort der „Cautio Criminalis“, seiner Gegenschrift zum „Hexenhammer“.

Von Spee griff in diesem Werk mit Hilfe juristischer Argumente die Verfahrensweise bei den Hexenprozessen an. Das Buch wurde zwar erstmals anonym und ohne Erlaubnis des Ordensführers veröffentlicht, konnte dann aber durch spätere Dokumente von Spee zugeschrieben werden. Friedrich von Spee begleitete durch seine Funktion als Geistlicher viele angeklagte Hexen durch die Mühlen der Prozesse von denen er schreibt: „... nachdem ich viel und lange sowohl in der Beichte als auch außerhalb mit diesen Gefangenen zu tun gehabt hatte,... ich habe nichts finden können, als Schuldlosigkeit allenthalben,... da konnte ich doch zu keinem anderen Urteil kommen, als daß man Schuldlose für schuldig hält ...“.

Die „Cautio Criminalis“ des Friedrich von Spee hat, wie die Werke von Johann Weyer und anderen, dazu beigetragen, daß die Prozeßführung überdacht wurde und die Zahl der angeklagten und nach Prozeß verurteilen Personen zurückging.

Die weiße Frau vom Köterberg

Das Kloster Lilienthal/Falkenhagen liegt in einer Talmulde nahe dem Köterberg. Der Köterberg ist Schauplatz einer weitverbreiteten Sage im Westfalenland, die man an vielen Orten wiederfindet: Der Sage eines verborgenen Schatzes, der mit einer verzauberten Wurzel oder Blume gefunden werden kann. Bewacht wird dieser Schatz, der Sage nach, wie meist üblich von einer „weißen Frau“.

Auch hier findet sich die Erzählung von einem Schäfer, der durch die Hilfe der Springwurzel in den Berg gelangt sei und dort reiche Schätze gefunden habe. Doch auch er hat, wie in den übrigen Erzählungen auch, die geheimnisvolle Wurzel nicht mehr bedacht, als er den Berg verlassen wollte, und so verlor er Schätze und jeden weiteren Zugang in den Berg.

1000-jährige Linde in Elbrinxen

Ein Naturdenkmal, dem nicht nachweisbar kulturelle Handlungen geweiht waren, der Art und dem Alter nach aber zugedacht werden könnten, ist die 1000-jährige Linde. Sie befindet sich nahe der evangelischen Kirche in Lügde-Elbrinxen. Der Baum, der im Jahr 1988 zu den zehn schönsten Kulturdenkmälern Deutschlands gehörte, hat einen Stammumfang von ungefähr 12 Metern bei einer Höhe von ca. 35 Metern. Seine Baumkrone mißt in etwa 30 Meter.

Selbst wenn dieser Baum zu der Zeit der Verehrung von Pflanzen als Sitz einer Gottheit noch zu klein oder gar nicht existent gewesen sein sollte, so kann er dafür aber heute deutlich machen, welche markanten Punkte in der Natur das religiöse Verständnis unserer Vorfahren nährten.

Auskunft erteilt: *Stadt Lügde*
Am Markt 1
32676 Lügde
Tel.: 05281/77 08-0
Fax: 05281/7 96 45

Nettersheim

Im Zentrum der „Kalkeifel“ liegt die Gemeinde Nettersheim, inmitten des Deutsch-Belgischen Naturparks Hohe Venn-Eifel, und bietet eine Naturlandschaft, die mit über 800 verschiedenen Farnen und Blütenpflanzen zu den artenreichsten Gebieten in ganz Nordrhein-Westfalen zählt.

Nettersheim blickt auf eine fast 2.000-jährige Geschichte zurück und hatte zur Gründungszeit eine nicht unerhebliche Rolle für die Wasserversorgung der römischen Garnisonsstadt Köln gespielt. Hier begann das Aquädukt, das Köln mit frischem Quellwasser versorgte.

Heute noch sind hier zahlreiche Hinweise auf die römische Besiedlung und die nahegelegene Benefiziarierstation gegeben. Die Kultstätten wurden in den letzten Jahrzehnten dank intensiver Bemühungen wieder ergraben und der Öffentlichkeit zur Verfügung gestellt.

Überall im Gemeindegebiet Nettersheim finden Sie Hinweisschilder, die Ihnen den Weg zu den Stellen weisen.

Interessant sind hier vor allem die Matronentempel, deren Kult im Rheinland sehr verbreitet war. Auch das Medusenhaupt an der Brunnenstube des „Grünen Pütz“ gibt Aufschluß über die Verehrung bestimmter Gottheiten. Die vor nicht allzulanger Zeit gefundenen Steinplattengräber „Gleisiger Heck“ sind hier zwar der Vollständigkeit halber erwähnt, aber leider nicht für die Öffentlichkeit zugänglich.

Der Matronentempel

Etwa 1 km südwestlich vom Ortsteil Zingsheim entfernt, auf der Parzelle „Vor Hirschberg“, befinden sich die Überreste eines gallo-römischen Umgangstempels.

In diesem Tempel wurden die Matronae Fa(c)hine(i)h(i)ae verehrt. Die Darstellung dieser Matronen erfolgt – wie in der hauptsächlich verwendeten Abbildungsweise – in einer Dreiheit. Die Matronen sind ausgeschmückt mit Obst(körben) oder Blumengebinden. Die beiden äußeren Figuren tragen große Hauben, die mittlere, jüngere Frau trägt ihr langes Haar offen. Die dem Matronen-/Große-Mutter-Kult zuzuordnenden Beiwerke, wie beispielsweise Füllhorn, Vogel und weiteres sind hier auch dargestellt. Einen Hinweis auf den keltischen Ursprung des Kultes gibt die Bekleidung der Matronen, die mit der üblichen Tracht und traditionellen keltischen Schmuckstücken ausgestattet sind.

Da das ergrabene Gebäude sehr isoliert liegt, gehen Archäologen davon aus, daß das Zentrum des Tempelbezirkes noch in einem Radius von ca. 30 Metern um den Umgangstempel herum zu suchen ist.

Eine Nutzung des Tempels erfolgte, nach Untersuchungen der an der Grabungsstelle gefundenen Keramiken und Münzen, hauptsächlich im 3. und 4. nachchristlichen Jahrhundert. Die Verehrung der Matronae Fachinehae ist trotz der Größe des Tempelbereiches nur für den Bezirk um Zingsheim und Euskirchen belegt. Die Bedeutung des Namens „Fachinehae" ist wie viele andere Beinamen der Matronen noch ungeklärt. Heute vermutet man, daß die Beinamen nach einem nahegelegenen Ort oder einer Familie/Sippe vergeben wurden.

Wie bereits zuvor erwähnt, ist die Schreibweise dieser Matronen unterschiedlich. In diesem Zusammenhang ist allerdings die auffällige Unterschiedlichkeit in der Schreibweise des Buchstaben „H" auf den Weihesteinen beachtenswert. Beschäftigt man sich etwas eingehender mit den Inschriften, wird man feststellen, daß dieser Buchstabe oftmals nur mit der rechten Hälfte geschrieben wurde. Hierdurch ergibt sich ein Hinweis auf einen typischen Laut der germanischen Sprache, der vom Norden der Eifel bis in die Niederlande vorherrschend war. Es handelt sich um einen „gehauchten" Laut, ähnlich einem stimmlosen „H". Somit ergibt sich der direkte Bezug von der germanischen/keltischen Bevölkerung zu den dort angesiedelten römischen Soldaten.

Gleisiger Heck

Unweit der Tempelanlage auf der Parzelle „Gleisiger Heck" wurden 30 spätfränkische Grabstellen aus dem 7. Jahrhundert entdeckt, von denen sieben als Steinplattengräber angelegt waren. Die wenigen Funde – ein Teil der Gräber wurde vermutlich noch in fränkischer Zeit ausgeraubt – weisen darauf hin, daß die in den Plattengräbern beerdigten Personen, im Gegensatz zu den Personen in den übrigen Grabstellen, wahrscheinlich eine herausgehobene Position gehabt haben.

Alle Grabstellen wurden mit „Blick“ nach Osten angelegt, wobei die Skelette in den Steinplattengräbern im Unterschied zu den einfachen, in den Fels eingearbeiteten Körpergräbern sehr gut erhalten geblieben sind.

Für die Seiten- und Abdeckteile der Plattengräber wurden Bauteile und Votivsteine des Zingsheimer Matronentempels sowie Abdeckplatten der Sickerleitung des „Grünen Pütz“ verwendet. Diese Steinplatten wurden für den neuen Zweck teils in Form und Beschriftung verändert.

Die Fundstelle der „Gleisiger Heck“ ist für die Öffentlichkeit nicht zugänglich, und so wurden zwei der Plattengräber in der Nähe des Matronentempels „Vor Hirschberg“ exemplarisch für diese Bestattungsart angelegt. Die Plattengräber sind somit für interessierte Besucher zwar zugänglich, jedoch nicht am ursprünglichen Fundort.

„Görresburg“

In der Umgebung von Nettersheim gibt es noch zwei weitere Matronentempel. In Bad Münstereifel-Nöthen wurden die Matronae Vacallinehae und in Zingsheim auf der Parzelle „Görresburg“ die Matronae Aufiniae verehrt.

Auch bei diesem Tempel handelt es sich der Gestaltung nach um einen Umgangstempel, wobei der Umgangsraum selbst räumlich so schmal war, daß eine Begehung nur schwerlich möglich war.

Ruine des Umgangstempels auf der Parzelle „Görresburg“

Insgesamt wurden im Tempelbezirk 40 Inschriftensteine oder Bruchstücke von Votivtafeln gefunden. Weitere Münz- und Keramikfunde geben den Hinweis darauf, daß die Anlage bis in das 4. nachchristliche Jahrhundert hinein benutzt wurde.

Die in den Anlagen ausgestellten Weihesteine sind Abbildungen. Die Originale werden im Rheinischen Landesmuseum Bonn aufbewahrt. Auch muß hier darauf hingewiesen werden, daß die Steine nicht unbedingt wieder an der ursprünglichen Fundstelle aufgestellt wurden, sondern, teils wegen der besseren Vergleichsmöglichkeit, in unmittelbarer Nähe zueinander an einer zentralen Stelle des Tempelbezirks.

Ein Abguß eines Weihesteines von der „Görresburg“ wurde im Bezirk des Matronentempels von Bad Münstereifel-Nöthen aufgestellt.

Der Kult der Matronae Aufiniae war im Rheinland sehr verbreitet. Aus den Städten Xanten, Köln, Zülpich, Kommern und Bonn ist ihre Verehrung bekannt. Wie bei den Beinamen anderer Matronen, so ist auch hier bisher keine eindeutige Quelle für den Namen „Aufaniae“ gefunden. Es wird allerdings spekuliert, daß es sich hier um eine abgewandelte Schreibweise der Gottheit „Tamfana“ handelt, die von den Kelten verehrt wurde.

Interessant ist bei dieser Tempelanlage weiterhin noch, daß ihre gesamte Ausrichtung nach Osten hin erfolgte.

Medusenhaupt am „Grünen Pütz“

Die Brunnenanlage am „Grünen Pütz“ ist für Besucher frei zugänglich.

Durch diesen Brunnen und die Wasserleitung wurde die römische Provinzhauptstadt Köln mit frischem Quellwasser aus der Eifel versorgt. An einer Eckbekrönung der Brunnenstube steht eine Kopie des „Medusen- oder Gorgonenhauptes“.

Dieses Steinrelief wurde verziert durch die Darstellung einer Medusa, wie man sie sich aus der Mythologie heraus vorstellen kann. Ein rundes Gesicht mit leicht geöffnetem Mund, das von gewelltem Haar, oder in anderer Form als stilisierte Schlangen gedeutet, umrandet wird. Diese „Medusa“ hatte die Aufgabe, „alles Unheil von der Quelle und dem Brunnen abzuhalten“.

Die Löcher auf Wangen, Stirn, Kinn und Nase des Reliefs wurden erst nachträglich in späteren Jahrhunderten hinzugefügt. Vermutungen gehen dahin, daß nach erfolgter Christianisierung diesem „heidnischen Bild“ die Kraft genommen werden sollte.

Das Medusenhaupt

Auskunft erteilen:	Gemeinde Nettersheim Krausstraße 2 53947 Nettersheim Tel.: 02486/780 Fax: 02486/78 78
oder	Naturschutzzentrum Eifel Römerstraße 8-10 53947 Nettersheim Tel.: 02486/12 46 Fax: 02486/78 78 (Museumsshop, Literatur erhältlich)

Nideggen

In der Rur-Eifel gelegen, bieten Nideggen und auch die umliegenden Städte und Gemeinden eine Vielzahl kult(ur)-historischer Schauplätze. Den größten Teil davon kann man nur auf „Schuster's Rappen" oder dem „Drahtesel" erreichen, denn sie liegen inmitten der Natur – wie es sich für Naturdenkmäler eigentlich auch gehört.

Die Burg Nideggen

Natürlich sollte man auch die das Stadtbild beherrschende Burg Nideggen, die gegen Ende des 12. Jahrhunderts erbaut wurde, nicht aussparen. Sie erlitt teils in innerdeutschen bzw. deutsch-französischen Auseinandersetzungen einige Zerstörungen, jedoch wurde sie immer wieder restauriert, und heute findet sich im Inneren ein interessantes Burgmuseum. Und schließlich beheimatet diese Burg auch einen Poltergeist, den Schluffjahn.

Felsenrundgang

Im Bereich des gesamten Rurtales befinden sich wild zerklüftete, manchmal senkrecht abstürzende Buntsandsteinformationen, die in früheren Jahrhunderten und Jahrtausenden vielfach Stätten für Kulthandlungen gewesen sind. So bietet auch der Felsenrundgang einen

Die Burg Nideggen

interessanten Überblick und vermittelt auch in der heutigen Zeit noch viel von der Faszination, die während früherer Epochen diesen Ort auszeichneten.

Nicht allzuweit von diesem Rundweg entfernt, liegt auf ungefähr halber Strecke zwischen Nideggen und dem Ortsteil Abenden der „Hondjesberg". Mit einer guten Wanderkarte ausgestattet, kann man dort, in südöstlicher Richtung von Nideggen aus, markante Schalensteine und Felsgravierungen entdecken. Diese geben hervorragend

Auskunft über die Benutzung dieser Felsen als vorchristliche Kultstätten. Weiterhin nähren sie die Vermutung, daß im Bereich der Städte Nideggen und Kreuzau in früheren Zeiten ein großer Kultbezirk gewesen ist.

Matronenheiligtum

In der Nähe von Nideggen wurde vor einigen Jahren auch ein Matronenheiligtum gefunden. Diese wurde allerdings nach ersten Ergrabungen wieder zugeschüttet, um es vor Zerstörungen durch „Freizeit-Forscher" zu schützen. Es ist jedoch geplant, die Tempelanlage, wie die Vorbilder nahe Nettersheim, wieder der Öffentlichkeit zur Verfügung zu stellen, wenn weitere finanzielle Mittel für die Ausgrabung und Erforschung bereitstehen.

Auskunft erteilt: *Stadt Nideggen*
Zülpicher Straße 1
52385 Nideggen
Tel.: 02427/809-0
Fax: 02427/809-47

oder *Stadtverwaltung Düren*
(Archivstelle)
Kaiserplatz
52349 Düren
Tel.: 02421/25-0

Olsberg

Feldstein, Ravenstein, Bornstein, Goldstein – so lauten die Namen der vier Felsen, die Teil einer monumentalen frühzeitlichen Anlage sind. Nahe der Stadt Olsberg, am Hang des Istenberges, liegen

Die Bruchhauser Steine

Diese vier Felsen waren in der keltischen Zeit, etwa um 600 v. Chr., Teil einer riesigen Befestigungsanlage. Und es wird angenommen, hier habe die Irminsul gestanden. „Nicht noch eine!“ mag man jetzt denken, aber die Vermutung liegt nahe, daß es tatsächlich so war, denn nach der Geschichtsschreibung traf Karl der Große im Jahr 772 n. Chr. im nahen Marsberg/Obermarsberg an der Diemel ein.

Dort soll er auf die nach der keltischen Mythologie verehrte Irminsul getroffen sein. Diese „Irmin-Säule“ stellte symbolhaft den Weltmittelpunkt dar, und unter ihren drei Wurzeln lagen die Reiche der Menschen, der Riesen und der Toten. Es finden sich auch einige der örtlichen Gegebenheiten, die den Aufzeichnungen über den Standort des Stammesheiligtumes auffallend entsprechen.

Es wurden bereits mehrfach archäologische Untersuchungen durchgeführt, sie waren aber bisher nie sehr erfolgreich, da die Ausbeute an Funden nur sehr gering blieb.

Geht man jedoch von den Sagen und Erzählungen der umliegenden Städte und Gemeinden aus, die sich dem

Die Bruchhauser Steine

Gebiet nach bis an die Grenzen von Arnsberg erstrecken, findet man viele Überlieferungen von Zwergen und Riesen, die hier in dieser Gegend gelebt haben sollen. Auch gibt es in den Bergen und Tälern des Sauerlandes eine Vielzahl von Höhlen und Felsspalten, die als Zugang zur Unterwelt und Wohnort der Zwergen und Alben galten.

Eventuell handelte es sich bei den Bruchhauser Steinen aufgrund ihrer außergewöhnlichen Formation auch „nur" um ein verehrtes Felsheiligtum; jedoch ist die Vermutung naheliegend, daß hier tatsächlich der Standort der Irminsul gewesen ist.

Auskunft erteilt: *Stadt Olsberg*
Bigger Platz 6
59933 Olsberg
Tel.: 02962/982-0
Fax: 02962/982-226

Rheinbach

Hermann Löher und die „Wemütige Klage"

„Anno 1595 bin ich in Munster Eyffel (Münstereifel) im Hertzochthumb Gulich (Jülich) geboren. 1601 ist mein Vatter Gerhardt Löher von Münster Eiffel in das Ertz stifft Chur Fürstenthum Cöllen (Köln), der zeit florierenden Stadt Reimbach (Rheinbach), mit der Wohnung gezogen."

Sechs Jahre war er alt, der Hermann Löher, als sein Vater mit der Familie aus Münstereifel in das nicht weit entfernte Rheinbach zog. Und 80 Jahre war er alt, als er in Amsterdam in Erinnerung an seine bewegte Vergangenheit das Buch schrieb, welches so aufschlußreich über die schlimmste Zeit der Hexenverfolgung ist, wie sonst kaum ein anderes. Die Rede ist von der „Wemütigen Klage" des Hermann Löher, welche nicht nur seine Erinnerungen an diese schreckliche Zeit, sondern weiterhin noch viele Kapitel und Buchteile der Schriften weiterer Gegner der Hexenverfolgung enthält. Ein Buch, das zur Zeit seiner erstmaligen Veröffentlichung im Jahr 1676 bereits einen Umfang von 600(!) Seiten hatte. Doch es existieren insgesamt nur zwei Ausgaben dieser Schrift, eine davon befindet sich in Bad Münstereifel, ein Faksimile-Nachdruck dieses Werkes wird in nächster Zeit veröffentlicht werden.

Das bedeutende an diesem Buch ist, neben den Abdrucken der Thesen seiner verschiedenen „Mitstreiter“, seine Ausführungen über den Hexenwahn, der in Rheinbach und den umliegenden Dörfern herrschte. Hermann Löher berichtet als Beobachter und Mitschuldiger, und er tut es in einer Weise, die die Hexenprozesse und deren Irrsinn deutlich machen; denn so wie es hier in Rheinbach gewesen ist, dürfte es sich an vielen Orten in Europa abgespielt haben.

Hermann Löher kam aus einer wohlhabenden Familie, und sein Vater hatte es aufgrund der guten finanziellen Situation innerhalb weniger Jahre in der Stadt Rheinbach bis zum Bürgermeister gebracht. Im Familienbetrieb führten die Löhers ein gut gehendes Geschäft mit Wolle und Webwaren, die Handelsbeziehungen gingen weit über die Grenzen des Rheinlandes hinaus. Hermann heiratete die Tochter eines kurfürstlichen Richters aus dem Nachbarort Flerzheim und führte den väterlichen Betrieb. Nachdem sein Vater 1625 gestorben war, führte er das Geschäft alleine weiter und mehrte sein Vermögen. Das Amt des Bürgermeisters wurde in der Zwischenzeit anderweitig besetzt.

Doch auch Hermann strebte nach Amt und Würden in der Stadt Rheinbach, und so wurde er 1629 zum Bürgermeister und mit 36 Jahren zum jüngsten von sieben Schöffen in das Hochherrengericht berufen. Das war im Jahr 1631, als in Deutschland in manchen Orten die fürchterlichste Zeit der Hexenverbrennung anbrach. Überall im Rheinland loderten die Scheiterhaufen und es wird geschätzt, daß im kurkölnischen Bereich über 1.000

Personen wegen Hexerei und ähnlicher Vergehen verurteilt wurden.

Aber das, was sich im Bereich der Stadt Rheinbach entwickelte, war mehr als die Jagd nach „ein paar" harmlosen Frauen; hier erwuchs ein Machtkampf und eine Verfolgungswelle, die kaum vorstellbare Ausmaße annahm. Es ist kaum noch nachzuvollziehen, an welchem Ort dieses gräßliche Treiben begann, aber durch die umherziehenden Inquisitoren und die weitaus größeren Informationsmöglichkeiten der kirchlichen Stellen griff die Hexenverfolgung sehr schnell um sich. Und wenn in den großen Städten ein Scheiterhaufen brannte, ließ es in den umliegenden kleineren Städten und Gemeinden auch nicht lange auf sich warten. In manchen Orten mag die Verurteilung einer Hexe stattgefunden haben, um einen Erfolg nachweisen zu können, eben als „Pflichtopfer". So läßt sich anhand vieler Prozeßakten nachvollziehen, daß die ersten Opfer in den Orten meistens aus der untersten Bevölkerungsschicht stammten, so auch in Rheinbach. Doch fast unmittelbar danach trifft es hier die wohlhabende Bevölkerung, Wollhändler, reiche Bauern und selbst Schöffen und andere Ratsmitglieder verlieren ihr Leben.

Einige der Ratsmitglieder müssen die Verhaftung und Folterung ihrer eigenen Familienmitglieder erleben, und im beinahe schlimmsten Fall wird den Schöffen die Zustimmung zur Verhaftung „einer weiblichen Person, die nicht namentlich genannt werden soll", abverlangt. Wie sich herausstellt, ist es die Ehefrau eines Schöffen, der seine Gattin nur durch Bestechung befreien kann.

Mehrere Jahre blieb die Familie Löher verschont, doch Hermanns Schwiegervater, ein Richter, wird aufgrund eines Verdachtes abgeurteilt und verbrannt; einige Zeit später argwöhnte man auch über seine Schwiegermutter. Als selbst der ortsansässige Pfarrer dem Scheiterhaufen nur durch das Eingreifen des Erzbischofes entkam, der kurfürstliche Vogt diesem Schicksal jedoch nicht mehr entgehen konnte, sah Hermann Löher die einzige Möglichkeit, seine Familie zu retten, nur noch in der Flucht.

In einer Nacht- und Nebelaktion packte die Familie nur das Notwendigste zusammen und ließ Geschäft und Besitztümer zurück. Ein Bestechungsgeld in enormer Höhe verfehlte dann auch seine nicht Wirkung, und Löher floh mit seiner Frau, drei Kindern und der Schwiegermutter nach Amsterdam.

Hermann Löher hatte durch seine Handelsbeziehungen das Glück, in Amsterdam ein neues Geschäft aufbauen zu können, und so schuf er sich in den kommenden Jahren wieder einen beträchtlichen Wohlstand; aber das neu geschaffene Vermögen konnte sein Gewissen nicht beruhigen. Er fragte sich selbst ständig nach seiner Schuld in den Verfahren, ob er etwas hätte ändern können. Er fragte sich nach Recht und Unrecht dieser Prozesse und studierte eifrig sämtliche Schriften, die er zu diesem Thema bekam. So begann er dann mit ungefähr 80 Jahren, seine Gedanken und Erfahrungen niederzuschreiben, um mit der „Wemütigen Klage" sein Gewissen zu erleichtern und zu appellieren, daß dieser Wahnsinn ein Ende haben möge.

Auffällig ist die hohe Zahl der Verurteilung von Wohlhabenden und Amt- und Würdenträgern in Rheinbach. Dazu muß man beachten, daß Wohlstand Grundvoraussetzung für ein öffentliches Amt gewesen ist und somit die Ratsmitglieder gleichzeitig über enorme finanzielle Mittel verfügten. Ein Großteil der Städte konfiszierte die Besitztümer der Hingerichteten, „um damit die Prozeßkosten zu decken“. Denn nach dem Schreiben eines Kerkermeisters der Stadt Köln waren die Kosten während der Folter nicht unbeachtlich: „... Wenn die Gefangenen verhört und gepeinigt werden, ist es wegen Gestanks und Unlust allezeit gebräuchlich, den Herren Schöffen einen Trunk Weins zu geben ...“, und auch der auf die Hinrichtung folgende Leichenschmaus kostete viel Geld: „... es kann ein solches mit dem Bankett unter zwei Goldgulden gemäß dieser Zeit Gelegenheit nicht geliefert werden ...“. Aus dem Bereich der kurtrierischen Verwaltung liegen Prozeßrechnungen über 300 Gulden und mehr vor, so daß die Verurteilung der „Habenichtse“ durch die Besitztümer der reichen Verurteilten mit gedeckt werden mußten. Und wenn man den Dokumenten glauben darf, die beispielsweise auf die Bestechlichkeit des Amtmannes und auch des Bonner Hexenkomissares hinweisen, der sich daraufhin für einige Zeit aus Rheinbach zurückzog, dann brauchte man in Rheinbach recht viele Gulden.

Auskunft erteilt: *Stadt Rheinbach*
Schweigelstraße 23
53359 Rheinbach
Tel.: 02226/917-0
Fax: 02226/917-117

Tecklenburg

Alleine aus den landschaftlichen und infrastrukturellen Gegebenheiten heraus blieb in Tecklenburg noch sehr viel an Kultstätten sowie mystischen und mythischen Dingen erhalten. Gleichzeitig lädt die idyllische Lage zu einem ausgedehnten Urlaub oder Exkursionen ein. Wenig ist hier den Bebauungsplänen zum Opfer gefallen, und auch heute sind die Aussichten auf historisch wertvolle Funde recht hoch. Der Fremdenverkehrsverband Tecklenburger Land bietet unter anderem auch Wochenendveranstaltungen zu Edelstein- und Aromatherapie sowie Heilkräuter(sammel)kurse und weiterhin ein Seminar zur „Geschichte der Hexen in Tecklenburg“ an.

In diesem Teil Nordrhein-Westfalens ist sehr viel altes Volksbrauchtum erhalten geblieben. So sollte man schon die Gründer und Gründerinnen, auf die die Stadt sich nach verschiedenen überlieferten Legenden bezieht, beachten.

Die Gründer von Theklenburg

Einer Erzählung nach soll Wittekind, der berühmte Sachsenführer, der Gründer der Stadt Tecklenburg gewesen sein. In einer anderen Erzählung ist von einem sächsischen Fürsten, ohne Erwähnung eines Namens, die Rede, der seiner Tochter Thekla das Gebiet als Mitgift zur

Hochzeit mitgab. Und so entstand die Thekla-Burg. Ähnliches soll durch ihre Schwestern Ravenna in Ravensburg und Ida in Iburg geschehen sein.

Die wohl phantastischste Geschichte führt als Begründer der Stadt Tecklenburg ein altes biblisches Volk, die Ennakiter an. Nachdem diese aus dem Lande Kanaan vertrieben wurden, soll ihr Zug sie bis hier nach Norddeutschland geführt haben, wo sie sich allerdings vor einer großen Flut weiter in das Landesinnere zurückziehen mußten. Die Höhenzüge des Teutoburger Waldes erblikkend sollen sie ausgerufen haben „Tekene de borg!“, welches übersetzt wird mit „Seht ein Zufluchtsort!“.

Wo das berühmte Körnchen Wahrheit nun in diesen unterschiedlichen Geschichten steckt, ist bisher nicht bekannt. Gemunkelt wird jedoch heute noch, daß sich die Überreste der alten Enakiterburg im Fundament des alten Schiffsturmes befinden, der auf dem Gelände der Freilichtbühne – erbaut in den Ruinen der Tecklenburg – steht.

Die „Weiße Frau“ auf Tecklenburg

Wie es sich für eine Ruine dieses Alters und mit einer solchen Historie gehört, verfügt sie auch über die Erscheinung einer „Weißen Frau“. Warum diese erscheint, darüber gibt es auch einige Geschichten, die sich sehr ähnlich, teils aber auch wiederum sehr unterschiedlich sind. Eine davon soll hier stellvertretend für alle erzählt werden:

Ob es denn auch Thekla oder eine ihrer Nachfahrinnen war, die von so schönem Äußeren gewesen ist, daß viele Ritter von weither gezogen kamen, um sie mit Minnegesang oder Aufmerksamkeiten zu beglücken, ist nicht überliefert. Wohl weiß man aber zu berichten, daß sie aufgrund ihrer Schönheit auch sehr stolz und eitel war. Ihr wurde wahrgesagt, sie werde einst sieben Töchter haben. Eine jede schöner als sie selbst. Dieser Teil der Wahrsagung erfüllte sich auch und die junge Gräfin gebar sieben Töchter. Da sie jedoch, alleine aufgrund der Prophezeiung, eifersüchtig war, daß eines der Mädchen schöner werden könnte als sie selbst, erstickte sie die ersten fünf Kinder kurz nach der Geburt und machte die Amme dafür verantwortlich.

Mit der Zeit waren ihr Gatte und der Hofstaat jedoch mißtrauisch geworden und man begann zu tuscheln, daß die Gräfin selbst die Kinder umbringe. So traute sie sich nicht, den beiden zuletzt geborenen Mädchen das gleiche anzutun. Die beiden wuchsen heran und wurden solche Schönheiten, daß es sich bald im Land herumsprach und die ersten Brautwerber erschienen, um deren Hand zu erbitten. Die Gräfin fühlte sich in ihrer Attraktivität zurückgesetzt und haßte die Mädchen so sehr dafür, daß sie sie schließlich vergiftete. Dies machte sie so geschickt, daß ihr niemand die Tat nachweisen konnte, ja noch nicht einmal ein Verdacht auf sie fiel.

So blieb die Gräfin bis zu ihrem Tod, der in sehr hohem Alter erst eintrat, die schönste Frau auf Tecklenburg, jedoch: Für ihre schrecklichen Taten findet sie keine Ruhe, und so wandert sie jede Nacht durch die Ruinen der Burg und die Straßen Tecklenburgs, setzt sich schließlich auf die Treppe, die zur Kirche hinaufführt. Hier weint sie über ihr Unglück, bevor sie wieder in ihr dunkles Grab zurückkehrt.

Dörenther Klippen und Hockendes Weib

Zwischen Tecklenburg und dem Ortsteil Brochterbeck erschließt sich nun ein landschaftlich äußerst interessantes Gelände, wenn man Interesse für Felsformationen zeigt, die zum Teil in den früheren Jahrtausenden für kultische Handlungen benutzt wurden. So empfiehlt es sich, vor Ort eine Wanderkarte zu benutzen und die Dörenther Klippen aufzusuchen. Unter den verschiedensten Formen der einzelnen Felsen und Klippen findet man auch das „Hockende Weib“. Man sollte sich ruhig etwas mehr Zeit nehmen, um diese und auch die umliegenden Felsformationen zu erkunden, eventuell sind dort noch weitere Ritualsteine oder ähnliches zu finden.

Heidentempel und Hexenküche

In der Nähe von Brochterbeck liegen der „Heidentempel“ und die „Hexenküche“. Bei dem Heidentempel handelt es sich um ein Opferplateau. Nach Überlieferungen wurden dort bis zu den Sachsenkreuzzügen Karls des Großen Tier- und Menschenopfer dargebracht. Es befinden sich künstlich eingearbeitete Näpfchen, Nischen und eine Blutrinne im Gestein.

In der Nähe des Parkplatzes Münsterlandblick liegt der andere Felsen, die „Hexenküche“. Dies soll ein ehemaliger Hexentanzplatz sein, und auch der Teufel hat seine „Visitenkarte“ hinterlassen. Der Hexenküche sagt man nach, daß es sich hier um eine Kulthöhle gehandelt habe, in der rituelle Feuer angezündet wurden, wobei der Rauch durch eine natürlich geformte Esse im Felsen nach oben abziehen konnte. Wie hier rituelle Opfer stattgefunden haben, läßt sich derzeit leider noch nicht weiter feststellen.

Sicher ist jedoch, daß man die Beteiligung des Teufels – zumindest ab der Zeit der Christianisierung – an diesen Kultfeiern vermutet. Da die Feierlichkeiten in der Hexenküche jedoch so kurzweilig waren, vergaß der Teufel einmal zu seiner rechten Zeit zurückzukehren. So traf ihn beim Verlassen der Höhle der erste Strahl der aufgehenden Sonne, und er fuhr vor lauter Schmerz und Wut mit seiner Faust und einem Fuß in den Felsen hinein. Diese Abdrücke sind heute noch sichtbar.

Auch ist in den Felsblock ehemals ein Kreuz eingemeißelt worden, von dem ein Tecklenburger Chronist vermutet, daß es „von den ersten Missionaren stammte ...". Verwunderlich wäre dies nicht, denn bekanntlich wurden viele der vormals kultisch verehrten Steine und Felsen durch christliche Missionare in Kreuze oder andere christliche Symbole umgearbeitet oder umgedeutet. Dies hatte den Hintergrund, die ehemaligen Heiden an einem gewohnten Ort zu dem neuen, wahren Gott zum Gebet rufen zu können und so eine größere Akzeptanz zu schaffen.

Um die Hexenküche und den Heidentempel ranken sich noch manche Erzählungen. Von vielen ist jedoch erwiesen, daß sie nicht vor längerer Zeit als einhundert Jahren erdacht wurden, um Touristen eine „nette Geschichte" zu den alten Steinen erzählen zu können.

Hexenpfad

Zu erkunden sind die beiden Sehenswürdigkeiten über den Wanderweg „Hexenpfad", der vom Marktplatz über die Burg führt, von dort aus zum Wierturm und dann weiterführt zur Hexenküche und zu Roelants Grab. Der Rückweg zur Stadt führt schließlich noch über den Heidentempel.

Wierturm

Der oben angesprochene „Wierturm“ ist weniger durch sein Alter oder seine historische Einbindung interessant, als dadurch, daß er einer bekannten Persönlichkeit gewidmet wurde, die sich vehement gegen die Hexenverfolgung einsetzte. Es handelt sich hier um Dr. Johann Weyer (Wier), der in der Stadt Jülich als Leibarzt des dortigen Herzogs lange Jahre wirkte und auch dort sein Buch „Über die Blendwerke der Dämonen“ veröffentlichte.

Dr. Johann Weyer lebte die letzten zehn Jahre seines Lebens in Tecklenburg am Hof der dort ansässigen Grafen. Hier schrieb er sein „Artzney-Buch“, das er aus Dank der Gräfin Anna von Tecklenburg widmete.

Dr. Weyer war es, wie auch schon in der Zeit seines Wirkens in Jülich, zu verdanken, daß Tecklenburg zu dieser Zeit von Hexenprozessen weitgehend verschont blieb. Knapp dreihundert Jahre später wurde der Aussichtsturm als Denkmal für das Wirken des Arztes auf Anregung des Wilhelm von Zuccalmaglio gebaut.

Der Aussichtsturm ist zwar öffentlich zugänglich, jedoch nicht ständig geöffnet. Der Schlüssel kann gegen Hinterlegung eines Pfandes im „Haus des Gastes“ oder in der Buchhandlung Howe am Markt entliehen werden.

Auskunft erteilt: *Tecklenburg Touristik GmbH*
Markt 7
49545 Tecklenburg
Tel.: 05482/494
Fax: 05482/62 60

Tecklenburger Land

Bei den nachfolgend aufgeführten Orten handelt es sich zum größten Teil um kleinere Gemeinden, die hier, der Übersichtlichkeit halber, unter der regionalen Zuordnung zum Tecklenburger Land erwähnt werden.

Ankum

Auf einem „Prähistorischen Lehrpfad" wandeln? Das kann man in Ankum! Selbstverständlich nicht nur das, aber es gehört mit zu den Hauptattraktionen, die die Gemeinde zu bieten hat, neben den verschiedenen mittelalterlichen Wall- und Befestigungsanlagen, teils mit Arkadengängen versehen, und den wunderschönen Fachwerkhäusern.

Im Ortsteil Westerholte wird über diesen „Prähistorischen Lehrpfad" eine Wanderung über das dort liegende Steingräberfeld angeboten.

Auskunft erteilt: *Tourist-Information Ankum*
Hauptstraße 27
49577 Ankum
Tel.: 05462-475

Berge-Hekese/Berge-Grafeld

Im Ortsteil Hekese befindet sich eine Großsteingräberanlage. Sehenswert ist auch der Lehrpfad über das „Hahnenmoor“ bei Grafeld.

Vergleichbar den Anlagen in Moorgebieten in Norddeutschland, kann auch hier von einem frühzeitlichen Kult ausgegangen werden, bei dem Opferungen nahe bei den im Moor aufgestellten Kultsäulen erfolgten. Meist handelte es sich dabei um eine rituelle Verehrung der „Großen Mutter“ oder eines Götterpaares, als Fruchtbarkeits- und auch als Jagdritual.

Auskunft erteilt *Tourist-Information Berge*
Schienenweg 19
49628 Berge
05435/397

Bramsche

In Bramsche kann man im Waldgebiet Gehn ein Steingräberfeld entdecken.

Doch das ist noch nicht alles! Im Jahr 1987 machte man am Kalkrieser Berg bei Bramsche eine sensationelle Entdeckung – ein Schlachtfeld. Bei diesem Fund soll es sich um den Schauplatz der „Schlacht im Teutoburger Wald“ handeln, die im Jahre 9 n. Chr. zwischen den Germanen und den Römern stattfand. Aufgrund der Ausgrabungsfunde wurden ein Informationszentrum und ein Museum errichtet.

Auskunft erteilt *Tourist-Information Bramsche*
Hasestraße 11
49565 Bramsche
05461-830

Westerkappeln

Etwa im Jahre 2000 vor unserer Zeitrechnung wurde es errichtet, das Megalithgrab „Sloopsteene“. Es handelt sich hier um die größte Megalith-Grabanlage dieser Art in Westfalen.

Auskunft erteilt *Tourist-Information*
Große Straße 13
49492 Westerkappeln
05404/8 87 19

Troisdorf-Eschmar

Bernard Rembold, der Prophet

Ein deutscher Nostradamus? Wahrscheinlich wäre das der Ehre zuviel für Bernard Rembold, der 1710 in dem Kirchspiel Overath bei Troisdorf geboren wurde. Doch im Alter von 46 Jahren hat Bernhard Rembold seine Prophezeiungen, von denen viele tatsächlich eingetreten sind, in 122 Verse verpackt, niedergeschrieben oder schreiben lassen.

Den Lebensunterhalt für sich selbst, seine Frau und vier Kinder verdiente Rembold als Leinenweber und nebenher noch als Spielmann. So kam er in den umliegenden Ortschaften viel herum und erzählte dort den Leuten, wohl auch zu deren Unterhaltung, seine Visionen. Er sah den Brand der Abtei zu Siegburg, Fuhrwerke, die nicht von lebendigen Geschöpfen gezogen werden, die Französische Revolution, den Zweiten Weltkrieg, und noch einiges mehr wird ihm durch visionäre Vorhersage zugeschrieben.

Rembold vermutet die Fähigkeit, „derley Gott allein wißige Dinge" vorauszusehen, als Gottes Offenbarung, der ihn in Verzückung versetze und ihm dieses zeige.

Das Geschehen, welches ihn in Bedrängnis bringt, ist schließlich der Brand der Siegburger Abtei. Als dieser nach seiner Vorhersage tatsächlich in der geschilderten Art und Weise eintritt, wird er wegen Brandstiftung vor Gericht zitiert. Die Gerichtsakten sind eine aufschlußreiche Quelle hinsichtlich der Vorwürfe und auch der Prozeßführung gegen den Seher.

Ihm wird vorgeworfen, den Brand der Abtei verschuldet zu haben, sowie weitere Ereignisse von lokaler Reichweite.

Rembolds Glück ist, daß er für den Zeitpunkt des Brandes der Siegburger Abtei ein einwandfreies Alibi vorweisen kann, und auch die Vorwürfe, die weiterhin gegen ihn vorgebracht wurden, erwiesen sich als haltlos.

Das Gericht spricht ihn somit frei, droht ihm jedoch an, daß ihm „15 prügeln und 14 Tage bey waßer und brod“ bevorstehen würden, falls er mit seinen „afterweißagungen und ausstreuen gehabter offenbahrungen“ fortfahren würde.

Auskunft erteilt: *Stadt Troisdorf*
Kölner Straße 176
53827 Troisdorf
02241/482-0
02241/482-202

Weeze

Gräberfelder

Im Bereich der Ortschaft Kalbeck findet sich ein Gräberfeld, das seinesgleichen sucht. Einige Jahrhunderte vor der Geburt Christi wurde mit der Errichtung dieser monumentalen Grabanlage begonnen, die in etwa 1.000 Grabhügel zählt.

Unmittelbar im Ortskern von Weeze läßt sich hingegen ein fränkisches Gräberfeld aus der Zeit um 700 bis 800 n. Chr. nachweisen. Jedoch wurde im Laufe der letzten Jahrhunderte einiges dieser großen Grabanlage überbaut.

Auskunft erteilt: *Gemeinde Weeze*
Cyriakusplatz 13-14
47652 Weeze
Tel.: 02837/63 70
Fax: 02837/63 67

Xanten

In Colonia ulpia Traiana am Niederrhein läßt sich gut leben, das wußten schon die Römer und bauten hier eine große Siedlung auf. „Ad sanctos“, bei den Heiligen, wurde diese Stadt später genannt, weil der heutige Dom auf der vermuteten Grabstelle einiger Märtyrer, die für den christlichen Glauben gestorben waren, errichtet wurde. Diese Vermutung bewahrheitete sich, denn bei Grabungen wurden Gebeine entdeckt, die man heute diesen Märtyrern zuschreibt.

Doch nicht nur die christliche Kirche blickt hier auf eine lange Historie zurück, auch die Römer verehrten hier ihre Götter.

Archäologischer Park

In einer monumentalen Anlage wird die ehemalige römische Stadt rekonstruiert. Gebäude des täglichen Lebens werden nach der Ergrabung als Nachbildungen wieder aufgestellt und ermöglichen so einen hervorragenden Überblick über das Leben der römischen Soldaten und derer Familien im Rheinland. Es befinden sich hier Nachbauten der Stadtmauern und des Amphitheaters (welches heute für Open-Air-Veranstaltungen sehr beliebt ist und eine hervorragende Kulisse bietet), des Badehauses, verschiedener Wohn- und Geschäftshäuser und vor allen Dingen dreier Tempel.

Der Kapitoltempel

Diese Art Tempel wurden dem heimatlichen Vorbild nach dem Jupitertempel auf dem Kapitol in Rom nachgebaut. Hier war der Sitz der Gottheiten Jupiter, Juno und Minerva. Nur Siedlungen, denen römisches Stadtrecht verliehen war (siehe auch Köln), hatten die Berechtigung, einen Kapitoltempel zu errichten.

Der Tempel war, dem Status der Gottheiten nach, der größte des gesamten Stadtgebietes. Doch leider läßt sich dies an dieser Tempelanlage nicht mehr nachvollziehen, da mittlerweile eine Bundesstraße quer über den ehemaligen Tempelbezirk führt. In Grundrissen ist das Ausmaß dieses Tempels aber zu erkennen.

Der Hafentempel

Diesen Eindruck sollte man auf sich wirken lassen, denn die Teilrekonstruktion des Hafentempels stellte „nur" den zweitgrößten(!) Tempel der Colonia ulpia Traiana dar. Hier kann man seiner Phantasie freien Lauf lassen, um sich die Pracht und Bedeutung der Religion zu jener Zeit vorzustellen.

Über die hier verehrte Gottheit ist nichts bekannt, doch da der Tempel nahe am ehemaligen Hafen gelegen war, wäre der Sitz von Merkur (Handel) oder Neptun (Schiffahrt) wahrscheinlich.

Gesichert ist jedoch, daß hier tagtäglich kultische Opfer und auch die Ableistung von Gelübden stattgefunden haben. Aufschluß über die geleisteten Gelübde geben auch

Der Hafentempel

die Votivtafeln, die zum Dank an die Erfüllung eines bestimmten Wunsches oder Unternehmens geweiht wurden.

Der Matronentempel

Der kleinste Tempel in der Colonia „Xanten" war der Matronentempel der hier lebenden Kelten und Germanen. Ähnlich den Tempelanlagen im Köln/Bonner und Eifel-Raum befindet sich auch hier ein Umgangstempel. Neben der römischen Religion schien die Ausübung der keltischen und germanischen Riten also durchaus möglich gewesen zu sein, obwohl die Integration der Naturkulte in späteren Jahrhunderten durch die stärkere Annäherung an die religiöse Verehrung der römischen Gottheiten erfolgte. An dem Fundort des Tempels wurden auch zwei Weihesteine entdeckt, die im Archäologischen Park als Nachbildung ausgestellt sind.

Kriemhildmühle

In der Ortschaft Xanten selbst ist wenige Gehminuten vom Dom entfernt die Kriemhildmühle zu finden. Diese Mühle sucht ihren historischen Bezug in der Nibelungensage. Doch auch Kleve, Königswinter und Balve suchen ihren Bezug zu den mittelalterlichen Überlieferungen der Artus–, der Nibelungensage oder auch den Erzählungen um Dietrich von Bern, so daß der sagenhafte Bezug der Nibelungen zu Xanten vielleicht doch gegeben ist. Das Kriemhild nun vor einigen Jahrhunderten tatsächlich in dieser Mühle lebte, ist also wahrscheinlich ein Teil der Erzählung, heute jedoch befindet sich im Untergeschoß ein kleiner Naturkostladen. Dort ist auch der Eintritt zu zahlen, wenn man vorhat, die wenigen Stufen zu erklettern und das Umland von einer Stelle kurz unterhalb der Windmühlenflügel anzusehen

Auskunft erteilt: *Stadt Xanten*
Karthaus 2
46500 Xanten
Tel.: 02801/37-0
Fax: 02801/37-209

Anhang

Bibliografie

„700 Jahre Stadt Felsberg“ – Festschrift, Magistrat der Stadt Felsberg (Hrsg.), 1986
„Ad fontes/Zu den Quellen“ – Reformationsgeschichtliche Museen Wittenberg (Hrsg.), 1997
„Chronik der Stadt Baunatal“, Bd. 1, Magistrat der Stadt Baunatal (Hrsg.), 1994
„Chroniken der Städte und Gemeinden“ – diverse
„Das neue Lexikon der Esoterik“ – Marc Roberts, Zsolnay Verlag, 1993
„Das Questenfest – Gegenwart und Vergangenheit“, Ernst Kiehl und Alfred Schneider, 2. Auflage, 1995
„Das Reichenfelser Zaubergärtchen“ – Museum Reichenfels (Hrsg), 1996
„Der Hexenhammer“ – Sprenger/Institoris, dtc, 11. Auflage, 1993
„Der Landkreis Deggendorf in Sagen, Legenden, alten Bildern und Ansichten“, S. Michael Westerholz, Landkreis Deggendrof (Hrsg.), 1980
„Der Stechlin“, u. a. – Fontane, Reclam Verlag
„Deutsche Geschichte“ – Treue, Weltbild-Verlag, 6. Auflage, 1990
„Die Bundesrepblik Deutschland“, Staatshandbuch, verschiedene Bände, Carl Heymanns Verlag, div. Erscheinungsjahre
„Die Edda“ – Simrock, Verlag Neues Leben, 1988
„Die Römer in ...“ – diverse Bände, u. a. Theiss Verlag, Süddeutscher Verlag
„Die Schwarzen Führer“ – diverse, Eulen-Verlag
„Die Wunderblume von Schettenberg , Sagen aus dem mittleren Erzgebirgskreis“ – Landratsamt Mittlerer Erzgebirgskreis (Hrsg.), ohne Jahresangabe
„Ein Sagenspaziergang durch die Stadt Bühl“ – Adolf Hirth, Stadtverwaltung Bühl (Hrsg.), 2. Auflage, 1989
„Eisenacher Schriften zur Heimatkunde“, Bände 31 und 32, Eisenach-Information (Hrsg.), 1990
„Faust – Der Tragödie erster Teil“ – Goethe, Reclam-Verlag, 1982
„Führer zu archäologischen Denkmälern in Deutschland“, diverse Bände, Theiss-Verlag
„Geheimnisvolles Hessen“ – Gerd Bauer, Hitzeroth-Verlag, 1996
„Geheimnisvolles Rheinland-Pfalz“ – Volker Gallè, Hitzeroth, 1996
„Geheimwissenschaft Geomantie“ – Ulrich Magin, C.H. Beck-Verlag, 1996
„Germania“ – Tacitus, Reclam, 1995
„Germanische Göttersagen“, Reclam Verlag, 1994
„Germanische Heldensagen“, Reclam-Verlag, 1996
„Geschichte der Hexenprozesse“ – Soldan/Heppe, Vollmer Verlag, 1986
„Götter, Mythen und Bräuche von der Insel Rügel“ – Ingrid Schmidt, Hinstorff-Verlag, 1997
„Handbuch der Historischen Stätten Deutschlands“, diverse Bände, Kröner Verlag

„Heimat(Jahr-)Bücher, Heimatblätter“ – diverse
„Heimatschriften“ – diverse
„Hexenglaube und Hexenprozesse im Raum Rhein-Mosel-Saar“ – Irsigler/Franz (Hrsg), Sonderdruck Spee-Verlag, ohne Jahresangabe
„Hexenprozesse in Deutschland“ – Schormann, Vandenhoeck Verlag, ohne Jahresangabe
„Historia von D. Johann Fausten“, Reclam, 1996
„Höhlen, Wunder, Heiligtümer“ – Pleticha/Müller, Herder Verlag, 1994
„Hünengrab und Bannkreis“ – Kehnscherper, Wachholtz Verlag, ohne Jahresangabe
„Kleine Konziliengeschichte“ – Jedin, Herder Verlag, 8. Auflage, 1969
„Knaurs Lexikon der Mythologie“ – Bellinger, Droemer Knaur Verlag, 5. Auflage, 1993
„Kultplatzbuch“ – Gisela Graichen, Hoffmann und Campe Verlag, 1988
„Lexikon der germanischen Mythologie“ – Rudolf Simek, Kröner Verlag, 1984
„Lübische Geschichten und Sagen“ – Prof. Dr. Ernst Deecke, Max Schmidt Verlag, 1911
„Luther und die Deutschen“, Reclam Verlag, 1996
„Märchen der Gebrüder Grimm“, Droemer Knaur Verlag, Erstausgabe 1937, Neuauflage ohne Jahresangabe
„Mendig, Berichte, Sagen und Andekdoten aus alter Zeit“ – Ottmar Schneider, Geiger-Verlag, 1988
„Nibelungenlied“, Reclam Verlag 1996
„Parzival“ – Wolfram von Eschenbach, Reclam Verlag, 1996
„Räuber, Hexen, Zauberer“ – Regina Röhner, Landratsamt Hohenstein-Ernstthal (Hrsg.), ohne Jahresangabe
„Reclams Lexikon der Heiligen und der biblischen Gestalten“, Reclam Verlag, 8. Auflage, 1996
„Reiseführer“ – diverse
„Religio Romana“ – Rheinisches Landesmuseum Trier (Hrsg.), 1997
„Res getae Saxonicae/Die Sachsengeschichte“ – Widukind von Corvey, Reclam Verlag, 1992
„Sagen aus dem Barnim“ – Rudolf Bügel (Hrsg.), 1993
„Sagen des klassischen Altertums“ – Gustav Schwab, Carl Ueberreuter Verlag, 1974
„Sagen und Geschichten aus dem Havelland“ – Erika Guthjahr, Heimatverlag Erika Gutjahr, 1991
„Sagenhaftes Sächsisches Burgen- und Heideland“ – Regionaler Fremdenverkehrsverband (Hrsg.), ohne Jahresangabe
„Schongauer Hexenprozesse“ – Dr. Hubert Vogel, Stadtverwaltung Schongau (Hrsg.), 1989
„Schwedter Jahresblätter“, diverse, Kreis Angermünde (Hrsg.)
„Starke Plätze“ – Werner Pieper (Hrsg), ohne Jahresangabe
„Steinkammergräber und Menhire in Nordhessen“ – Irene Kappel, Staatliche Kunstsammlungen Kassel (Hrsg.), 2. Auflage, 1989

„Trutz-Nachtigall“ – Friedrich von Spee, Reclam, 1991
„Unterwegs zu deutschen Sagen“, Helmut Berndt, 1985
„Uralt, unheimlich, wundersam“ – Regina Röhner, Landratsamt Hohenstein-Ernstthal (Hrsg.), ohne Jahresangabe
„Vita Karoli Magni/Das Leben Karls des Großen“ – Einhard, Reclam Verlag, 1994
„Vom Wunder der Seele“ – Meister Eckhart, Reclam, 1996

Abbildungsverzeichnis

Index

Über die Autorin

Marion Röbkes, Jahrgang 1966, beschäftigt sich seit ihrem 16. Lebensjahr intensiv mit verschiedenen esoterischen Themen, wie Astrologie, Tarot- und Kipperkarten, Edelstein- und Aromatherapie, sowie mit energetischer Arbeit.

Durch zahlreiche In- und Auslandsreisen entdeckte die Autorin die Faszination für das esoterische Kulturgut Deutschlands. Vor drei Jahren begann sie, Material über lange vergessene Traditionen, geheimnisvolle Plätze und spirituelle Orte zu sammeln.

Folgende Reiseführer sind bereits erschienen:

DM 19,80/SFr 19,00/ÖS 145,00
184 Seiten, ISBN 3-89385-192-5

DM 19,80/SFr 19,00/ÖS 145,00
176 Seiten, ISBN 3-89385-193-3

DM 19,80/SFr 19,00/ÖS 145,00
184 Seiten, ISBN 3-89385-207-7

DM 19,80/SFr 19,00/ÖS 145,00
176 Seiten, ISBN 3-89385-191-7

DM 19,80/SFr 19,00/ÖS 145,00
192 Seiten, ISBN 3-89385-190-9

Die folgenden Bände erscheinen im

Frühjahr 1998:

Saarland und Rheinland-Pfalz
Berlin und Brandenburg
Sachsen-Anhalt
Thüringen

Herbst 1998:

Sachsen
Mecklenburg-Vorpommern
Schleswig-Holstein, Hamburg und Bremen

Rüdiger Mühlhausen

Er sucht Sie

Erfolgreiche Partnervermittlung per Heiratsanzeige

Sensibel, einfühlsam und von großer Kraft ist dieses kleine Praxisbuch geschrieben. Es enttabuisiert das Kennenlernen per Anzeige und stellt diese Art des Begegnens als eine mögliche, ja vielleicht als eine besonders vorteilhafte dar. Konkrete Anleitungen verbinden sich mit psychologischen und spirituellen Einsichten. Dabei erzählt der Autor mitreißend offen und ebenso einfühlsam seine eigene Geschichte. Von der Selbstdarstellung über die Formulierung des Partnerideals bis zum Anzeigentext gibt es eine Menge Hilfestellungen für Suchende. Sie zeigen wie spannend es sein kann, wieviele Erfahrungen man sammeln kann – und daß ein Happy End möglich ist.

96 Seiten, DM 16,80, SFr 16,00
ÖS 123,00 ISBN 3-89385-182-8

Christa Geller

Mut & Liebe

Der sanfte Weg zu innerer Power · Eine spirituelle Psychologie

Heutzutage gibt es kaum noch jemanden, der wirklich das Leben führt, das er leben will. Die Autorin möchte zeigen, wie man sich aus der Erstarrung lösen und zu einer neuen spielerischen Lebendigkeit zurückkehren kann, die ganz zu dem eigenen, individuellen Wesen paßt.
Hier mischt sich spirituelle Weisheit und psychologisches Feingefühl zu einem ungewöhnlichen und enorm hilfreichen Ratgeber, der Seele und Herz gleichermaßen berührt.
Ein spiritueller Mensch ist immer im Fluß, immer in seiner Mitte: ein Übungsprogramm im zweiten Teil des Buches zeigt, wie sie zu finden ist.

152 Seiten, DM 24,80, SFr 23,00
ÖS 181,00 ISBN 3-89385-178-X